心中的俄羅斯
Russia

邢協豪(行寫好)◎著

博客思出版社

◆我的旅行路線圖：縱橫千萬里

　　我從波士頓出發，直飛聖彼德堡。五天四夜之內，涵蓋了周邊的彼得夏宮（Peterhof Palace），凱薩琳宮（Catherine Palace），巴甫洛夫斯克宮（Pavlovsk Palace）。再乘夜行火車南下雅羅斯拉夫爾（Yaroslval），遊覽一天后抵達莫斯科。又是五天四夜，包括了鄰近的弗拉基米爾（Vladimir），蘇茲達爾（Suzdal），謝爾吉耶夫（Sergiyev Posad）。這三個地方，連同雅羅斯拉夫爾，都是號稱「俄羅斯金環」（Russian Golden Ring）的重要名城名鎮。在東進西伯利亞之前，我又南下近兩千里去了伏爾加格勒（Volgoglad）。然後撥馬回頭，開始了跨越西伯利亞的萬里之行，在末代沙皇神秘死亡之地葉卡捷琳堡（Yekaterinburg）和西伯利亞明珠伊爾庫茨克（Irkutsk）停留，最後經烏蘭巴托（Ulaanbaatar）抵達北京。

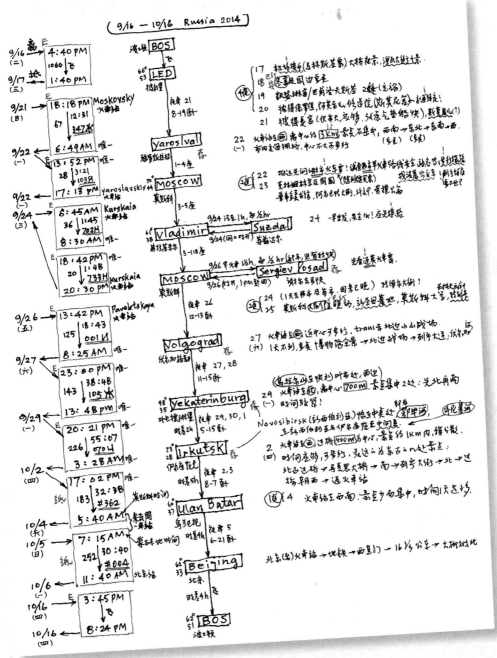

◆我的計畫行程表：一紙走天涯

本人獨創的旅行計畫行程表。大小細節包括日期、航班、車次、票價、氣溫、旅館、天數、交通、景點、優先次序等等，均簡潔地歸納於一表一紙之中。條理清晰，一目了然。被網友讚為遊記的「天下第一牛」特色。

目錄

開篇

心中的俄羅斯：
我來了，你在哪？

　　老一代不少大陸中國人的心中，都有一種俄羅斯情結。它既像一種夢境，也是一種嚮往。當年中國大陸學習「老大哥」，全盤「蘇化」，長達一代人之久。多數大陸人卻未曾有機會親歷過那塊國土。到了如今，去俄羅斯看看，便成了一種「還願」，甚至像一種「尋根」，因為我們精神世界的開發成長，有著深深的俄羅斯印記。

　　但是傳言中俄羅斯的員警腐敗與蠻橫，光頭黨與街頭混混的囂張，加上簽證的繁瑣刁難，還有語言的障礙，使我一直裹足不前。

　　那一年傳來的消息是，俄羅斯員警幾年來提高薪金和大力整治，腐敗已有好轉，街頭也清靜安全不少；簽證可由在美國的代理商辦理變得簡單方便；不通俄語也有了對策。一切瓜熟蒂落，「進軍」俄羅斯，就在今朝！

　　2014 年初秋，我終於踏上了那片「久違」的土地。我一桿拉箱，單槍匹馬，北起芬蘭灣，南下伏爾加格勒，西始莫斯科，東至西伯利亞蒙古邊境。縱橫千里上萬里，追尋的就是心中的那個「你」：俄羅斯，我來了！

　　我從波士頓出發，直飛聖彼德堡。五天四夜之內，涵蓋了周邊的彼得夏宮、凱薩琳宮、巴甫洛夫斯克宮。再乘夜行火車南下雅羅斯拉夫爾，遊覽一天后抵達莫斯科。又是五天四夜，包括了鄰近的弗拉基米爾，蘇茲達爾，謝爾吉耶夫。這三個地方，連同雅羅斯拉夫爾，都是號稱「俄羅斯金環」的重要名城名鎮。在東進西伯利亞之前，我又南下近兩千里去了伏爾加格勒，然後撥馬回頭，開始了跨越西伯利亞以及烏蘭巴托和北京的萬里之行。

　　總共 21 天，我走過了俄羅斯旅遊的著名「三甲」：莫斯科、

聖彼德堡、俄羅斯金環；我體驗了「俄羅斯游第四景觀」的西伯利亞東方快車（Trans-Siberian Railway）；我在繁華的大都市遊逛，我也在邊遠的西伯利亞重鎮葉卡捷琳堡和伊爾庫茨克駐足。

我看了四大宮殿的克里姆林宮、冬宮、彼得夏宮、凱薩琳宮；我去到三大教堂的聖以撒大教堂（St Isaac's Cathedral）、聖巴索大教堂（St Basil's Cathedral）、救世主喋血教堂（The Church on the Spilled Blood）；我參觀四大博物館的克里姆林國家軍械庫（State Armoury）、俄羅斯博物館（Russian Museum）、普希金博物館（Pushkin Museum）、特列季亞科夫畫廊（Tretyakov Gallery）；我在號稱「露天博物館」的俄羅斯金環尋找獨一無二的歷史遺跡和俄羅斯東正教的發跡地；我也觀賞莫斯科大劇院（Bolshoi Theatre）的「純種」現代俄羅斯芭蕾舞。

我進入昏暗肅穆的列寧墓（Lenin Mausoleum），我懷疑眼前臉色光鮮皮膚平滑的是假冒偽劣的蠟像；我尋找留「像」百世的街頭雕塑，包括彼得大帝、凱薩琳大帝、亞歷山大三世、尼古拉斯一世、普希金、雅羅斯拉芙爾、列寧、朱可夫（Zhukov），還有令我唏噓不已的高爾察克（Kolchak）；我朝聖史達林格勒（Stalingrad）保衛戰紀念館，我瞻仰史達林格勒當年血戰的馬馬耶夫高地（Mamayev Kurgan）。儘管語言障礙困難重重，我努力接觸當地俄羅斯人，以求得幫助和瞭解他們的生活。

追尋俄羅斯，縱橫千萬里。我感受了歷史上俄羅斯的偉大與輝煌，也看到了現實中俄羅斯的宗教化與現代化。可是，深植於我心中的那個俄羅斯，你在哪裡？

◇ 偉大的俄羅斯

作為曾經的超級大國，俄羅斯建國也不算長。宣佈獨立美國是1776年，俄羅斯則是1547年。那一年伊凡四世擺脫蒙古羈軛加冕沙皇。因為國家年輕，俄羅斯的古蹟不多。歸入世界文化和自然保護

遺產的，主要是那幾個舉世聞名的宮殿與教堂。

俄羅斯的歷史也相對「簡單」。號稱沙皇的只有兩個朝代：魯里克（Rurik）王朝與羅曼諾夫（Romanov）王朝。大名鼎鼎的彼得大帝，是羅曼諾夫王朝的第一位沙皇，也是俄羅斯的第四位沙皇。一部俄羅斯的近代史，可以說主要就是彼得大帝的歷史，再加上另一位凱薩琳大帝。

彼得大帝與康熙大帝幾乎同時代。羅曼諾夫王朝（1613-1917）國祚 304 年，清王朝（1635-1912）267 年。彼得大帝在位 43 年（1682-1725），康熙大帝 61 年（1662-1723）。兩位同被馬克思褒獎為（絕無僅有的）18 世紀兩個偉大帝主。

偉人的偉大往往滲透著平凡。有一次彼得大帝路過一座新建房，無意中聽有人說：大帝說什麼事情都是自己幹的，那是吹牛，他就不會蓋房子。大帝聽後思忖片刻，順著腳手架爬上牆，操起一把抹子，整整抹了一天灰泥，贏得泥水匠們一致稱讚。兩個世紀後，那個地方的居民在這座房屋上釘了一塊紀念碑牌，上面寫道：「彼得大帝曾與泥瓦匠們在此一同幹泥瓦匠的活兒。」

彼得大帝之媲美於康熙大帝及路易十四，雖然他們都標誌著前工業時代傳統君主王權的鼎盛階段，而且都得到「左」與「右」史學家們的肯定。難得的是，彼得大帝並不單單順乎潮流，而是站在時代前列引領並推動潮流。他對俄羅斯近代甚至現代發展的影響，都極為深遠。俄羅斯因彼得大帝的偉大而偉大。

俄羅斯的偉大也離不開另一位大帝葉卡捷琳娜（Yekaterina）二世，又稱凱薩琳大帝。她與前朝魯里克王朝有血緣關係，卻為後朝做出了偉業。她在位 34 年，外交方面尤其成功，俄羅斯疆土擴張到極致，是那個時期名副其實的歐洲最強大國家。她甚至有過征服歐洲以至世界的野心。

凱薩琳大帝自小活潑好動開朗隨和，並無貴族傲慢之氣。成為女皇後，依然對人和善廣獲好評。她有一位廚師其實並不合她的口

味，但因不忍心辭退他，竟忍受了長時間他做的飯菜。有次晚上她去大廳找人幫她送信，發現侍從們正在打牌，便吩咐其中一個去送信，自己則坐下來「補缺」繼續玩。

當初她被選為皇儲未婚妻不久，其夫婿便坦誠對她並無感情，而是另有所愛。葉卡捷琳娜因而幽處深宮，讀書排寂。無意中讀到伏爾泰後，她對政治哲學開始發生興趣，從此苦讀，打下堅實的知識與理論基礎。十卷本德國史，她曾堅持每八天讀完一卷；四卷本哲學史，她也全部通讀。最後竟讀懂了孟德斯鳩艱深的《論法的精神》一書。她熱愛讀書以及知識的積累，對日後的開明與成功極有助益。

她對夫婿彼得三世的「篡權奪位」也多少出於「無奈」，而且被廣為認可。原因是，彼得三世倒行逆施，且對她日益敵對，甚至對她下過逮捕令，逼得她在自己的存亡關頭做出絕然決然的選擇。

俄羅斯也有反抗侵略抵禦外辱的彪悍傳統。從伊凡大帝（Ivan III The Great）打敗蒙古韃靼宣佈獨立，到亞歷山大一世打敗拿破崙收復莫斯科，再到現代史上最為慘烈的史達林格勒保衛戰擊退希特勒。俄羅斯戰鬥民族鐵血錚骨，光榮偉大。

俄羅斯的偉人引領俄羅斯的偉大，使得它直到末代沙皇尼古拉斯二世被殺，羅曼諾夫王朝覆亡之際，甚至在二十世紀蘇聯崩潰解體之時，都能夠始終身躋世界強國之列，大國架子不曾崩塌。

◇ 輝煌的俄羅斯

俄羅斯為數不多的世界遺產遺址，不古不土，反而金碧輝煌。四大宮殿是其傑出代表。

其一克里姆林宮，始建於莫斯科大公伊凡四世加冕沙皇的 1547 年，是 18 世紀以前的沙皇皇宮。它是世界上最大的建築群之一，融合拜占庭、俄羅斯、巴洛克、希臘羅馬等不同風格，集瑰寶、藝術、

文化和古蹟於一身，享有「世界第八奇景」的美譽。

克里姆林宮內有俄國鑄造藝術的兩大傑作：40 噸的炮王和 200 噸的鐘王。其中鐘王高與直徑達六、七米之多，號稱世界第一大鐘。參觀者驚歎其「大」，卻容易忽略其「精」：鐘壁上鑄有安娜女皇（Anna Ivanovna）和沙皇阿列克斯（Alexis Mikhailovich）的幾乎真人大小的浮雕，十分精緻。不過它鑄成後敲第一下時，就出現了裂痕。《美國百科全書》稱它為「世界上從未敲響的鐘」，哈哈。

其二冬宮，全稱艾爾米塔什博物館（Hermitage Museum），是世界四大博物館之一。它是俄國巴洛克建築藝術最偉大的紀念物。高聳的大理石柱，孔雀石與碧玉瑪瑙裝飾的大廳，幾萬顆彩石鑲嵌的地圖，長廊吊燈壁畫雕像屋頂花園等等，使之到處珠光寶氣，金碧輝煌。

1917 年二月革命之前，冬宮一直是沙皇的官邸。早期也曾是凱薩琳女皇的私人博物館，其中有三萬八千冊的藏書，反映了女皇嚴肅的閱讀生涯。她讀伏爾泰，也讀盧梭，並與伏爾泰通信多年，一直到後者逝世，然後將他 7000 冊藏書都買了下來。

冬宮前的宮殿廣場（Palace Square）中央高聳的亞歷山大一世紀念柱（Alexsander Column），是為戰勝拿破崙而建。它重 600 噸，用整塊花崗石製成，全靠自身重量而立，不用任何支撐。頂尖是雙腳踩蛇的天使，是戰勝敵人的象徵。

其三彼得夏宮，在聖彼德堡西南約 30 公里的芬蘭灣邊，是歷代俄國沙皇的郊外離宮。最早是彼得大帝在大北方戰爭（Great Northern War）勝利後，為彰顯俄羅斯大國地位的輝煌而建。

宮殿的設計建造，集中了當時法國義大利為首的世界優秀建築師與工匠。大帝也親自參加到工程籌畫，他的規劃圖紙保留下來的，有十幾份之多。

夏宮建成後，經歷代沙皇的進一步雕琢、潤飾，越發金碧輝煌。宮殿兩翼拱頂鍍金，內外裝飾極其華麗。殿前的大瀑布噴泉群，有

37 座金色雕像，29 座潛浮雕，150 個小雕像，64 個噴泉，極盡奢華之能事。在噴泉群中央，聳立著大力士和獅子搏鬥的雕像，高三米重五噸，那就是著名的參孫噴泉（Samson Fountain）。

其四凱薩琳宮，又叫葉卡捷琳娜宮，位於聖彼德堡南郊 24 公里處的普希金村（Pushkin）。這是彼得大帝為葉卡捷琳一世而建並贈送給她的，後由葉卡捷琳二世重建，有了明顯的凱薩琳大帝品味和風格。

宮殿長達 306 米，極為恢宏大氣，超過了俄羅斯巴洛克時期的所有建築。它同時精巧淫靡，清新柔和，有女性的嫵媚嬌美，又有皇家的肅穆威嚴。凱薩琳宮是日益強大的俄羅斯帝國燦爛文化的縮影。

在所有這些表面的絢麗之下，有俄羅斯當年真實的輝煌：它迎頭趕上當時歐洲的文明進步，挑戰數百年的無知與孤立，用巨大的變革，將數百萬人拖離黑暗時代，將俄國推入了現代世界的前列。

◇ 宗教的俄羅斯

俄羅斯被認為是最具宗教品格的一個民族。在文學作品和現實生活兩個方面，東正教的愛與寬恕思想處處可見，名著《復活》、《罪與罰》、《死魂靈》等等，都是範例。歷史上的長期政教合一，強化著宗教的俄羅斯。

東正教與天主教及新教並列為基督教三大教派。它自稱「正」統，因為只有它嚴守原始教義。比如《舊約聖經》禁止崇拜立體偶像，東正教便只用平面聖畫像來瞻仰。東正教的彌撒與公眾禮拜結合，禮拜祈禱以站立為主，不設座椅。儀式中多伴有三五人的唱經班頌唱。

克里姆林宮作為政治中心，裡面卻有個教堂廣場，密集矗立著好幾個傳統式俄羅斯東正教堂建築。它們規模不大，卻個個大有來

頭：聖母升天大教堂（Assumption Cathedral）是歷代大公和沙皇進行加冕禮的地方；天使大教堂（Archangel Cathedral）是君王們的陵寢；天使報喜大教堂（Annunciation Cathedral）是皇家專用禮拜堂，也是舉行皇族婚禮的地方。

聖彼德堡的聖以撒大教堂是世界上最大的東正教教堂，也是世界第四大教堂。聖以撒是彼得大帝的守護神，教堂是沙皇亞歷山大一世下令取代原址的老教堂而建，工程持續了 40 年。二次世界大戰中，金頂塗成灰色，以防敵機轟炸。它現在是個博物館。

救世主喋血教堂是聖彼德堡最吸引人的旅遊景點之一。1881 年三月一日，亞歷山大二世乘馬車經過此地，一「民意黨」極端分子投擲炸彈炸傷了他的衛兵和車夫，亞歷山大二世不顧勸阻，執意下車查看衛兵傷勢，結果被第二枚炸彈炸斷雙腿，送回冬宮幾小時後醫治無效死亡。當時他正準備去簽署法令，啟動俄羅斯君主立憲的政改進程。他在歷史上被稱為「農奴解放者」。

沙皇亞歷山大三世在其父遇刺地點修建了這座教堂，以莫斯科紅場上的聖巴索大教堂為藍本，但外部鑲嵌更加複雜，顏色更加豔麗。

聖巴索大教堂，就是紅場地標式的那個大洋蔥頭教堂，是伊凡四世為紀念戰勝喀山（Kazan）汗國而建。九個金色洋蔥頭狀的教堂頂，是後來分別加上去的。它現在是個博物館，陳列著喀山大戰的壁畫、景觀模型、武器裝備，甚至當年的作戰計畫等。

傳說中，俄羅斯軍隊得到了八位聖人的幫助，八個教堂圓頂紀念的就是這八位聖人。第九個是中間最高的，象徵著上帝。教堂建成後，伊凡四世為之驚豔，為防止類似教堂的出現和再建，竟刺瞎了建築師的眼睛。

聖巴索大教堂的建立，標誌著政治與宗教的雙重勝利。從此莫斯科成為俄國宗教和政治中心，開始擺脫外族統治，逐漸走向統一強大。

◇ 現代的俄羅斯

我踏上俄羅斯看到的第一條主要大街，就是聖彼德堡的涅瓦（Neva）大道。它寬敞繁華，摩登時尚。多車道上汽車呼嘯奔馳，熙攘的行人步履匆匆，一種現代都市的節奏，和西方發達國家並無二致。

莫斯科的地鐵是世界最現代的，沒有之一。一趟車過去，不到一分鐘，甚至不出 10 秒鐘，下一趟就會接踵而至。天天如此，站站如此。在其他發達國家，也從未見過如此密集的調度與高效的運行。

俄羅斯的鐵路系統準點率極高，令人驚豔。我在俄羅斯大小城市間的長短途交通，全用火車。車廂有運行時刻表，標明沿途到站及停留時間。我觀察過，每站停靠誤差都在 1 分鐘之內。管理效果顯著。

俄羅斯的現代化有先進堅實的科學技術基礎。它的學術著作深澀晦塞繁複難讀，是我讀研究生時查閱資料獲得的印象。尤其在自動控制領域，數學充斥，論證冗雜，反映出學術界扎實的基本功底。莫斯科大學是傑出的代表。

莫斯科大學規模宏大歷史悠久，出現過多位諾貝爾獎獲得者和世界著名科學家。它師資雄厚、設備完善，教學和學術均走在世界前列。1998 年被評為世界前七的現代綜合性高等學府。

當年大陸北京清華大學校長蔣南翔新建中央主樓，莫斯科大學就是心中的藍圖和 PK 的對象。原計劃是主樓前的大片農田統統夷平，清華大道穿越五道口，直通北京的西直門。兩旁各系各科大樓的依次對稱排列，就從 9003 精密儀器大樓開始。要讓人一踏出西直門火車站，就能遠遠看到清華大學的中央主樓及其頂層的五星，哈！可惜正值大陸困難時期，周恩來總理一刀砍掉了清華大道和多層樓高以及尖頂五星。蔣某夢碎，壯志未酬。

◇ 寒冷的俄羅斯

我抵達莫斯科的第三天，氣溫突降，加上連綿陰雨，讓我初嘗了俄羅斯的寒冷。說起寒冷，竟讓我想起了高爾察克其人。

這位曾經的海軍上將是位天才的學者、北極探險家、勇敢的戰士、傑出的將領。他從不沽名釣譽斂財謀私，一生中有過多次騎士般的無私舉動，並且戰功赫赫正直俠義，有極高的名望。

十月革命後他率領白軍對抗紅軍，最後不得已橫跨西伯利亞向東轉移，自己最後一個離開。在千里之遙的一個小城，氣溫從往常的零下30℃陡然降到了零下60℃。一百二十多萬大軍和追隨的民眾，歷經苦難最終被無邊無際的西伯利亞雪原吞沒。高爾察克本人被布爾什維克逮捕處決。是俄羅斯西伯利亞的寒冷，葬送了高爾察克。

俄羅斯和西伯利亞的寒冷，也孕育了十二月黨人（Decembrist）的感人故事。他們是一群貴族革命家，武裝起義在最後一刻因為領導人臨陣脫逃而被沙皇尼古拉斯一世鎮壓。流放到西伯利亞期間最感動人的，是他們的一群貴族妻子的崇高行為。她們奮不顧身毫不猶豫地先後及時趕來，堅決要求一起同艱苦共流放，有的甚至付出了生命。她們的動人故事曾經被搬上銀幕。

其實，俄羅斯留給我的「冷」，更多的是內心感受。

俄羅斯自然資源豐富，是「雞地屁」（GDP）的大頭。所以旅遊業及外國遊客在俄羅斯並不受重視。景點展館及公眾場合很少用外國語，甚至排斥英語。皇村附近的巴甫洛夫斯克宮，是凱薩琳大帝為兒子而建，藏品豐富，裡面卻沒有英文說明，連俄語的文字也幾乎為零。一副「愛來不來」的架勢，一種莫名的大國傲慢。

在俄羅斯街頭，不難感覺到人們彼此間的冷漠。與西方不同，俄羅斯人認為對陌生人微笑是不嚴肅的，所以遭遇「冷面」的概率相當高。

我去弗拉基米爾是莫斯科的庫爾斯克（Kurskaya）火車站，清晨

6:46 AM 發車，我的時間很緊。登車開始時月臺號才顯示是「X」，我找不到這個 X 便向兩位制服女員工打聽，她們對我眼皮都沒抬。一男工作人員則隨手一指，害我奔跑一圈，還是不見那個特殊的月臺。我到處求助，人們視若無睹。

後來我敲辦公室的門，出來一官長模樣的，帶我去一個不起眼的角落，左拐右轉，才上對了車。

辦俄羅斯簽證時，獨行客必須提供旅館以及出入境日期，批下的期限就是你自己估算提供的日子，限制得極其死板。我發現日子不夠時要求改動，但一旦遞交申請就不再允許。最後我不得不割捨了喀山。

其實對其他國家的簽證至少有 30 天，限制的（只）是美國公民。當火車開往烏蘭巴托時，換上了蒙古機組，我擔心列車不再準點。萬一延誤出境，更新簽證要等二十天，毫無通融餘地，那就慘了。

俄羅斯員警據報導已不再有合法權力在公共場合隨意攔截檢查外國行人證件了，但我還是準備了幾張 10 美刀的綠票子。因為「行情」是：300 盧布可以打發一位、避禍消災。

結果一路無事。但在伏爾加格勒坐 23 點火車去葉卡捷琳堡時，剛進火車站，迎面一大個子制服軍人手一指我，喝道：Passport！我掏護照時，閃過兩個念頭：要不要只給影印本？是不是美刀要用上了？但我還是遞上了原件，因為我猜可能也要查簽證，結果真是那樣。最後他們說了一通俄語，但我毫無反應，就放我走了。

最後那段火車，是名副其實的國際列車，去蒙古和北京的外國遊客多了起來。一次我和鄰「廂」的兩個小夥子在過道用英文聊天，一位來自斯洛伐克，一位來自英國。這時一個中年壯漢走過，我們讓道時他嘟嚷了幾句。斯洛伐克小夥略懂俄語，輕聲說：他有點醉，罵外國佬滾回去呢。我們於是坐進臥廂並降低了嗓門。那俄國壯漢回走時再次經過，又狠狠地說了句俄語，還抓住門把「砰」的一聲關上了我們的門。

在西伯利亞一個車站停車時，斯洛伐克小夥從一大媽手中買了條燻魚，150盧布討價到100。然後兩人「頻嘴」對聊。後來他告訴我，那大媽把他當成了美國佬，半開玩笑地說：為什麼不滾回美國去？！

儘管如此，任何地方好人永遠是多數，俄羅斯並不例外。表面冷淡的俄羅斯人，其實你一旦接近他或她，友善的時候也不少。

在莫斯科由於旅館臨時改址，我沒能收到遞送的火車票，因為去國外的車票不發放電子票（E-Ticket）。急忙中我一時找不到對方電話及公司的確切名稱地址。當地有一位姑娘會英語，我無奈去向她求助，她動用各種可能的線索，足足幫了我大半個晚上，終於在臨行前成功拿到車票。

在雅羅斯拉芙爾，我問兩位過路人，去火車站是幾路汽車？他們也不清楚，便停下來替我打電話詢問，問清後告訴了我。我又問：那車朝哪個方向呢？他們二話不說，再次撥通電話。

這樣的熱心好人，光是我拍了照留念的，就有二十多位。

◇ 心中的俄羅斯

從俄羅斯回來以後，朋友問起印象，我竟說不上什麼，只說：俄國佬比較冷漠。

儘管看到了一個又一個的金碧輝煌，我卻沒有真正的感動與激昂。走上史達林保衛戰的馬馬耶夫高地時，兩旁巨大浮雕的石牆背後傳來當年的蘇聯老歌，一首接一首在播放，我不禁停下腳步，坐在了路旁。那一刻，我似乎回到了似曾相識和王者歸來的強大氣場。

記得我第一次看蘇聯電影《史達林格勒保衛戰》，是高中畢業考試的前一夜。上下兩集一口氣播放到凌晨一、二點。天昏地暗，盪氣迴腸，革命英雄主義演繹到了極致，年輕的我為理想和英雄癲狂。

畢業前還看過另一部蘇聯電影，童年的卓婭有一天聽到廣播裡報導為國犧牲的英雄，她問媽媽：人死了，就是沒了，為什麼說他還活著？媽媽說：大家，也包括你，不都在想他嗎？他不會死。一句再普通不過的問話，卻讓我記了一輩子。

　　衛國戰爭爆發後，卓婭告別親愛的人上前線。分離的前夜，兩人在莫斯科河畔的克里姆林宮城牆下，並肩邁步，默默而行。電影螢幕是長達好幾分鐘的分鏡頭重疊切換。樂聲回蕩，堅定激昂。一個美得令人心醉心碎的畫面，一個理想主義和英雄主義的時代交響。難道那就是我心中的俄羅斯？

　　那個年代有句名言：

　　人生最寶貴的是生命，生命屬於人只有一次。一個人的生命應當這樣度過：當他回憶往事的時候，他不會因為虛度年華而悔恨，也不會因為碌碌無為而羞愧；在臨死的時候，他能夠說：我的整個生命和全部精力，都已經獻給了世界上最壯麗的事業——為人類的解放而鬥爭。

　　無私的理想主義加上無畏的英雄主義，人生將會無價。

　　真實或虛幻，人們忘不掉自己的過去。我懷念那個心中的俄羅斯……

Санкт-Петербург
(Sankt-Peterburg)

第一章

現代俄羅斯搖籃聖彼德堡

　　我的俄羅斯之旅從西北角的聖彼德堡開始，它是現代俄羅斯的搖籃和發源地。

　　聖彼德堡從人口和地域上比莫斯科要小，現在也不再是俄羅斯的首都。然而它幾乎地處俄羅斯的最西，面對芬蘭灣和波羅的海，毗鄰西歐及北歐，是對外和對西方開放的門戶，在俄羅斯近代史上的地位無比重要。它為現代俄羅斯所奠定的基礎，它與西方和西歐融合的傳統，都是俄羅斯不可或缺與獨一無二的。俄羅斯史上最燦爛炫麗的篇章，也都離不開聖彼德堡。這裡充滿了傳奇與輝煌。

　　我乘飛機抵達聖彼德堡是當地時間中午時分。它的國際機場普爾科沃（Pulkovo Airport）在城南約 23 公里處。大巴（Bus）39 或 13 路來往於機場與地鐵藍線（Blue Line）南端的莫斯科卡亞（Moskovskaya）站，那是最便捷的進城方法了。

　　聖彼德堡的國際機場沒有給我留下多深刻的印象。航站樓廳內設施算得上現代化，但出了大樓，尤其是坐上大巴開往地鐵站的沿途，窗外景象缺乏蓬勃活力，顯得「中氣不足」，它畢竟並非發達國家。

　　從機場乘大巴抵達地鐵藍線聯接站只需大約半個小時。我的旅館在市中心的涅夫斯基大街（Nevsky Avenue）附近，中國人習慣稱之為涅瓦大道。在地鐵藍線乘五站後，需換乘橘線（Orange Line）才能到達。俄羅斯的地鐵是世界聞名的，一是其「深」，即深藏地下；二是其「華」，即裝飾豪華。聖彼德堡的地鐵雖比不上莫斯科的，卻也具備這兩個特點。

　　在地鐵的月臺上，一對中年夫婦與我目光相遇，難得地露出友好的笑意。我上前交談，但他們只說俄語。我掏出地鐵線路圖，手指要去的目的地，在藍線與橘線之間我伸出五個手指，

他們懂了，點點頭也張開五指，指指地圖上的轉接站，我放心了。

▲圖 1-1 聖彼德堡國際機場外部一瞥。

　　遠處進站的列車發出了「汽笛聲」，我抓緊時間給這對夫婦拍照，那是我來到俄羅斯第一次有交談的俄羅斯人。

　　俄羅斯的地鐵相當準時，車次也很頻繁緊湊。大約 10 分鐘後，我便來到了涅瓦大道，它直通冬宮。

　　聖彼德堡身為大都市，其歷史遺跡和觀賞精華卻相對集中。

◀圖 1-2 地鐵站上熱心為我指路的當地俄羅斯中年夫婦。

以冬宮為中心，大致可分為冬宮以南、以東、以北三大區域，近郊還有幾個，就基本涵蓋了幾乎全部景點。它們都可由地鐵到達，最多再伴以一些步行而已。

冬宮周圍的景點有：冬宮、宮殿廣場、亞歷山大柱、彼得大帝雕像（Statue of Peter the Great）、金鐘大廈（The Admiralty）、十二月黨人廣場（Decembrist Square）又叫參議院廣場（Senate Square）等。

冬宮以南約一公里，散佈的景點有：聖以撒大教堂、尼古拉斯教堂（Nicholas Cathedral）、尼古拉斯一世雕像（Nicholas I Statue）、馬林斯基劇院（Mariinsky Theatre）、格林卡雕像（Mikhail Glinka Statue）、尼古拉斯墓地（Nicholas Cemetery）、尤蘇波夫宮（Yusupov Palace）等。

冬宮東面正對著涅瓦大道，兩旁都是名勝古蹟，包括：救世主喋血教堂、俄羅斯民族博物館（Russian Ethnography Museum）、俄羅斯博物館、普希金雕像（Pushking Statue）、喀山大教堂

◀圖 1-3 聖彼德堡地鐵藍線車廂裡並不擁擠。

（Kasan Cathedral）、凱薩琳教堂（Catherine Church）、國家圖書館（National Library of Russia）、凱薩琳雕像（Catherine Statue）、普希金劇院（Pushkin Theater）、阿尼奇科夫宮（Anichkov Palace）等。

在涅瓦大道東端有起義廣場（ Uprising Square ）、比索爾斯基宮殿（Beloselsky Palace）、豐坦卡大橋（ Fontanka Bridge ），它又稱阿尼奇科夫橋（Anichkov Bridge）。

冬宮以北隔著涅瓦河是彼得保羅要塞（Peter and Paul Fortress），那是彼得大帝打敗宿敵瑞典、打造聖彼德堡的奠基之地，歷史意義十分重大。裡面的彼得大門羅曼諾夫雙鷹（Peter's Gate Romanov Double Eagles）、彼得保羅大教堂（Peter and Paul Cathedral）、監獄囚室（Prison House）、指揮官的房子（Commandants's House）和彼得大帝雕像等，都有著不同凡響的含義。去要塞的途中，還有阿芙樂號巡洋艦（ Cruiser Aurura ）。

抵達後的當天我在涅瓦大道轉悠。第二天我起了個大早，坐地鐵直達目的地冬宮。我知道冬宮開門晚，所以我先去冬宮以南那個地區。

◇ 聖以撒大教堂

在冬宮廣場朝南望，就能看到聖以撒大教堂的雄偉側影，它是聖彼德堡最大的俄羅斯東正教大教堂。

英文 Basilica 和 Cathedral 都譯為大教堂，而且都屬於基督教，但級別的細微差異卻是存在的。Cathedral 常有主教的「寶座」，是主教的所在地，所以也叫聖以撒主教堂；Basilica 則是羅馬教皇特殊指定和設計的基督教建築。某種意義上來說，Basilica 比 Cathedral 更為珍稀，最出名的就是梵蒂岡的聖彼得大教堂 St. Peter's Basilica。

▲圖 1-4 聖以撒大教堂是聖彼德堡最大的俄羅斯東正教教堂。

「以撒」是來自克羅地亞（Croatia）的達爾馬提亞（Dalmatia）地區一個聖徒的名字，在基督教為聖人們排定的聖人年曆中，他對應的聖人節日恰好也是彼得大帝的生日，所以被視為大帝的守護神。聖以撒大教堂是為聖人以撒而建。

　　下令建此大教堂的是沙皇亞歷山大一世。選中的地方以前有過三個教堂蓋了又拆的歷史，地基幾經折騰已不堪重負，所以最初的新教堂設計過於龐大有過爭議。最後沙皇介入，崇尚沉重帝國風格、規模巨大雄偉的一派贏得最後的勝利。

　　大教堂最終建造成本高達 100 萬盧布。二次大戰期間，為防止敵機轟炸而將圓頂塗成了灰色，在高處的天窗頂部，還曾設立過一個軍事觀察點，用以確定德國炮兵的位置。

　　聖以撒大教堂最大的特色在其新古典主義的外部，尤其是它的圓頂設計。建築中央一個巨大圓頂被配以四個對稱的輔助圓頂，圓頂下面由數十上百科林斯柱支撐，莊嚴雄偉。穹頂並有 12 尊天使雕像裝飾，採用了當時最新穎的電鑄造工藝，是有別於傳統青銅鑄造的一種新技術，也是這種新技術第一次成功應用於大型雕塑。天使雕塑每個高達六米，卻薄輕僅毫米，堪稱奇跡。

　　美國首都華盛頓的國會山大廈建於聖以撒大教堂之後，受到了它深深的影響和啟發，以致於外觀極為相似。此外，芬蘭赫爾辛基的路德大教堂（Lutheran Cathedral）以及美國威斯康辛州麥迪森的州議會大廈，也都留下了聖以撒大教堂的影子。

　　聖以撒大教堂的建造精心而細緻，耗時長達 40 年（1818 年破土，1858 年完工），以致於產生了一句芬蘭流行語：「像聖以撒教堂那樣建造」（To build like St. Isaac's Church），意指項目巨大漫長永無止境。

◇ 尼古拉斯一世雕像

尼古拉斯一世雕像又稱尼古拉斯一世紀念碑（Monument to Nicholas I），就在聖以撒大教堂前面的聖以撒廣場上。

這個雕像完成於 1859 年，高達六米，是歐洲第一個騎馬雕塑，而且只有馬的後蹄兩個支撐點，在歐洲是第一次，是當時的技術奇跡。世界上唯有在它之前 1852 年的美國總統安德魯・傑克遜的騎馬雕像才做到過這一點。

紀念碑屬於新巴洛克風格，由法國出生的建築師設計於 1856 年。當時附近的幾個主要廣場如宮殿廣場和十二月黨人廣場都已經分別於 1843 年和 1849 年豎起了彼得大帝和亞歷山大一世的雕像。按照傳統，空曠的聖以撒廣場也應該有一個紀念碑，而且要與四周的建築風格和諧統一。

當時的沙皇亞歷山大二世要求將其父尼古拉斯一世塑造成一個躍馬的騎士，因為尼古拉斯一世確實是一位強大的軍事人物。他作為堅定絕對的俄羅斯統治者，特別專注地投入過軍隊的改造等複雜過程。

最後建成的紀念碑引起了爭議，問題來自上方雕像的軍事形象與下方底座的社會主題不統一。此外，尼古拉斯一世處處模仿他的偶像彼得大帝的心思路人皆知，甚至其青銅騎馬雕像也與彼得大帝的古銅色騎士雕像相配。更有人注意到，這兩座雕像離開聖以撒大教堂的距離更是幾乎相同。然而百姓心目中的彼得大帝豈是他可超越的。傳說紀念碑揭幕後的第二天，塑像馬的腳下出現過一塊木板，上面寫著：你趕不上了！（You will not catch up！）。

▲圖 1-5 尼古拉斯一世雕像就在聖以撒大教堂對面。

◇ 尤蘇波夫宮

尤蘇波夫宮在聖以撒廣場以南，也叫莫卡宮（Moika Palace）。它的名氣不大，卻是個有故事的地方。猶太人尤蘇波夫是該建築的業主，他是一個非常富有的俄羅斯貴族，以藝術收藏和慈善聞名。家族遺產的繼承人裡出了個尤蘇波夫王子，並捲入了政治。

當時的俄羅斯出現了一個神秘主義的怪人叫格里戈里‧葉菲莫維奇‧拉斯普京（Grigori Yefimovich Rasputin），他自稱聖人，頗有些怪力亂神的小伎倆。與沙皇尼古拉斯二世的家人相遇後，他為沙皇的唯一繼承人、兒子阿列克謝治療血友病（Hemophilia），並開始篡奪權力，甚至在 1915 年尼古拉斯二世離開聖彼德堡之際，監督過俄羅斯軍隊在第一次世界大戰中的戰鬥。

一群俄羅斯貴族保守派最終暗殺了他，而他們密謀和執行暗殺的場所，就在尤蘇波夫宮。那天尤蘇波夫王子等人邀請拉斯普京到此，將他帶到宮殿一個小巧豪華的地窖品嘗紅葡萄酒，當他受到酒精影響發作時，王子用左輪手槍將其擊倒。王子離開地窖上樓後，拉斯普京竟然成功逃離到外面街道。但是

▲圖 1-6 尤蘇波夫宮是個有故事的地方。

王子一夥人最終沒有放過他，從背後再次開槍，拖入室內後近距離將其擊斃。然後拋屍於郊外的馬來亞涅瓦河（Malaya Neva River）。

整個情節聽起來相當狗血，卻是鐵板釘釘的歷史真實。

尤蘇波夫宮的設計師來自法國，建於 1776 年，也曾有當時著名的義大利雕塑家參與工作。其豪華的內飾不遜於當代的皇家宮殿。

拉斯普京死後不久便是俄羅斯革命，貴族財產被沒收，尤蘇波夫宮先後變成了博物館和文化宮。

◇ 馬林斯基劇院

從尤蘇波夫宮繼續南下，聞名遐邇的馬林斯基劇院就在不遠處。這個劇院太重要了，也是到聖彼德堡的必看。

它是當今世界最富盛名的劇院之一，演出歌劇和芭蕾舞，尤以芭蕾舞名震全球，與莫斯科大劇院齊名。

聖彼德堡早期的戲劇和芭蕾是在草地上的木制小劇院演出的，十分簡陋。1783 年凱薩琳大帝下令成立帝國戲劇、歌劇、芭蕾舞團，並新建了永久性的劇院。此後歷經 1849 年的擴建翻新，採用了當時時尚的新拜占庭木結構。十年後被大火燒毀，又重建為具有世界最大舞臺的歌劇院和芭蕾舞劇院，名字也根據當時皇后的名字瑪麗婭（Maria）改成了馬林斯基（Mariinsky）。

馬林斯基劇院被指定為皇室歌劇與芭蕾的主要場所後，沙皇亞歷山大三世舉行了豪華的就職典禮和演出，俄羅斯的第一部原汁原味的芭蕾舞劇，就是在這裡誕生的。其後上演過俄羅

▲圖1-7 馬林斯基劇院是當今世界最負盛名的劇院之一。

斯歷史上很多流芳百世的著名歌劇和芭蕾舞劇劇碼，包括柴可夫斯基的《睡美人》、《胡桃鉗》、《天鵝湖》以及《羅密歐與茱麗葉》、《灰姑娘》等等。

◇ 格林卡雕像

在馬林斯基劇院對面的街角，矗立著一座高大的人物全身雕像，他就是米哈伊爾・格林卡。外國人可能不熟悉這個名字，他卻是俄羅斯音樂史上留下過重彩濃墨的一位了不起人物。

格林卡（1804-1857）生活在 19 世紀上半葉，是第一位在自己的國家獲得廣泛認可的作曲家。他開創了獨特的俄羅斯音樂風格，成為俄羅斯古典音樂之源。也就是說，他深深影響了其後的俄羅斯作曲家的創作風格，是位開山鼻祖式的人物。

▲圖 1-8 格林卡雕像紀念俄羅斯古典音樂的開山鼻祖式的人物。

　　格林卡出生在富有的軍人家庭，家族傳統是忠於沙皇，熱愛文化。祖母撫養他長大，卻過分縱容和保護他，以致於他性格病態，身體虛弱。他從小接觸並喜歡音樂，「音樂是我的靈魂」。13 歲起在聖彼德堡貴族學校學習，大大拓寬了音樂經歷。步入社會後，因為工作輕鬆，他有更多時間和機會融入音樂社交圈，並開始創作歌曲。

　　近 30 歲時一次與音樂家同游義大利的機會，他也去了德國和瑞士，最後在米蘭定居，交往了孟德爾松和柏遼茲等許多當時著名的音樂界大腕，他開始醒悟到自己的人生使命在音樂，在俄羅斯，所以他決定返回俄羅斯。返程中在維也納和柏林的短暫逗留，他學習了作曲。

　　格林卡轟動俄羅斯的是他兩部偉大的歌劇。第一部是「沙皇的生活」（A Life for the Tsar），反映了家族的忠君傳統；第二部歌劇源自普希金作品，叫魯斯蘭和柳德米拉（Ruslan and Lyudmila）。情節的編排由一位詩人在酒醉之下 15 分鐘內草就，顯得混亂，然而格林卡的作曲卻極為成功，其中包含了多項難得的創新。

　　格林卡標誌著俄羅斯音樂發展的一個新方向和新時代，他的作品融合了歐洲和俄羅斯，融合了歷史故事和現實手法。奠定俄羅斯現代音樂文化發展的共有三部歌劇，而格林卡的上述作品就佔據了其中之二。

　　目前在俄羅斯，有三個音樂學院是以他的名字命名的：下諾夫哥羅（Novgorod）德州立音樂學院、新西伯利亞州立音樂學院、馬格尼托哥爾斯克州立音樂學院。1973 年，蘇聯天文學家以他的名字命名了一個新發現的小星球：2205 格林卡。水星上的一個火山口，也被冠以了格林卡的名字。

◇ 尼古拉斯教堂

　　冬宮以南地區的最後一個重要景點，是建於 1753-1762 年的尼古拉斯教堂，它離馬林斯基劇院不遠，全名叫聖尼古拉斯海軍大教堂（St. Nicholas Naval Cathedral）。

　　聖尼古拉斯（Saint Nicholas）是一個海員守護神的名字，所以這座教堂與俄羅斯海軍密切相關，是海員們的主要墓葬地。

▲圖 1-9 尼古拉斯教堂以海員守護神命名。

尼古拉斯教堂是個藍白相間的高大建築,主教堂分上下兩層,分屬兩個獨立的教堂。尼古拉斯教堂在第一層,樓上則是頓悟教堂(Epiphany Church)。該教堂的祭壇正式宣示時,有凱薩琳大帝在場。主建築的旁邊,幾乎同時建立了一個獨立的四層鐘樓,上部是高高的鍍金尖塔。

尼古拉斯教堂屬於一種晚期巴洛克風格,有時也稱為拉斯特雷維奇(Rastrellieqsque)或伊莉莎白女王巴洛克,因為女王鍾愛這種風格。拉斯特雷維奇是一位義大利建築師,他設計的建築很容易辨認,既豪華又雄偉,主要作品包括冬宮和凱薩琳宮。

尼古拉斯教堂最多可以容納 5000 人。

◇ 彼得保羅要塞

涅瓦河北岸與冬宮相望的地方,有一個「野兔島」(Hare Island)。島上聳立的彼得保羅大教堂(Saint Peter and Paul Cathedral)那高高的鐘樓尖頂,遠遠就能望見。這就是聖彼德堡真正的發源地彼得保羅要塞。

彼得保羅要塞由彼得大帝於 1703 年創建。所選的野兔島,是涅瓦河三角洲上游的最後一個島,這個位置有利於保衛聖彼德堡。當時正處於與瑞典人的北方戰爭關鍵期,預計敵人可能會攻擊這個計畫中的首都,所以在一年之內很快就完成了六個用泥土與木材混成的原始堡壘。其後的三十多年裡又陸續改建成了石頭型,但是始終沒有真正用於軍事目的。

1720 年起要塞成為駐軍基地,也是貴族與政治犯的監獄。在這裡關押過的名人包括:彼得大帝時代的政治家和外交官阿泰咪·沃倫斯基(Artemy Volynsky)、俄羅斯著名作家費奧多

▲圖 1-10 彼得保羅要塞是聖彼德堡的發源地。

爾 · 陀思妥耶夫斯基（Fyodor Dostoevsky）、馬克沁 · 高爾基
（Maxim Gorky）、主張革命的無政府主義者米哈伊爾 · 巴枯
寧（Mikhail Bakunin）、蘇聯紅軍創建人列昂 · 托洛茨基（Leon
Trotsky），甚至還有南斯拉夫的鐵托（Josip Broz Tito），他在一
戰期間加入奧匈軍隊受傷被俄軍俘虜後，就被關押於此。

在動盪的 1917 年，二月革命後曾有數以百計的沙皇官員被
臨時政府關押在要塞，三月中末代沙皇也曾在此監禁。十月革

命期間，八千名要塞駐軍宣佈支持布爾什維克，在阿芙樂爾巡洋艦發出攻擊信號之後，要塞炮臺真正發射了大約 30 枚炮彈，但大多數沒有擊中冬宮。

十月革命之後，要塞大部分被改建為博物館。現在要塞裡甚至有仍在運行的鑄幣廠和一個氣體動力學實驗室（Gas Dynamics Laboratory）。

◇ 聖彼得大門羅曼諾夫雙鷹

離彼得保羅要塞最近的公共交通是地鐵藍線的 Gorkovskaya 站，出站後還有一里路的樣子。如果選擇步行，跨過涅瓦河上的三一大橋（Troitskiy/Trinity Bridge）就到，離冬宮大概也是不到二里地。我選擇了後者，以便順道觀光一下大橋。

▶圖 1-11 羅曼諾夫雙鷹紋章是俄羅斯的象徵。

到達涅瓦河對岸後，去要塞還得走過一段名叫 Loannovskiy Most 的小橋。過了小橋迎面而來的，是要塞堅固的圍牆和四周的草地。穿過圍牆，才是要塞的聖彼得大門（St. Peter's Gate）。這個大門最值得注意的，是它上方的雙頭鷹紋章雕塑，又叫羅曼諾夫雙鷹（Romanov Double Eagles）。

在紋章學和旗幟學中，雙頭鷹代表權力與統治，是與帝國概念相關的一種符號。它的現代用途與羅馬及拜占庭帝國有關，雙頭面向近東和西方，極具象徵意義。而雙頭鷹更原始的淵源，則可以追溯到青銅器時代的圖像遺傳，後來逐漸成了皇家徽記。

◇ 彼得保羅大教堂

要塞裡面最珍貴的，要數彼得保羅大教堂。它建於 1712-1733 年，是聖彼德堡第一個也是最古老的地標。它有一座 122.5 米的鐘樓，是市中心的最高，也是世界上最高的東正教鐘樓。鐘樓鍍金的頂上有一個天使手持十字架的塑像。由於鐘樓屬於大教堂，所以彼得保羅大教堂有時也被視為世界最高的東正教教堂。

彼得保羅大教堂供奉的是聖徒彼得和保羅，他們是彼得保羅要塞的守護神。其中聖彼得還是聖彼德堡的守護神。它曾經是城市的 Cathedral Church，含「最主要」的意思，1859 年讓位給了聖以撒大教堂。目前聖彼德堡的「大教堂」地位，屬於涅瓦大道上的喀山大教堂。

彼得保羅大教堂的最大特點，是其作為帝國陵墓獨一無二的地位。從彼得大帝開始到亞歷山大三世的所有俄國沙皇，都在這裡埋葬，例外的是彼得二世和伊凡六世。末代沙皇尼古拉斯二世及其家屬被布爾什維克殺害後，最終在死亡 80 周年的

▲圖 1-12 彼得保羅大教堂連同鐘樓是世界最高的東正教教堂。

◀圖 1-13 彼得保羅
大教堂供奉要塞的守
護神聖徒彼得和保
羅。

▶圖 1-14 彼得保
羅大教堂作為俄羅
斯帝國陵墓的地位
獨一無二。

1998 年得以重新埋葬於此。預計大教堂陵墓可以容納 60 個墓葬。

　　大教堂的鐘樓和鐘琴的歷史也有一段故事。彼得大帝在創建聖彼德堡之前去西歐微服私訪期間，在荷蘭偶爾聽到了那裡的一種完美和諧鐘琴曲，驚為天籟，從此決意讓聖彼德堡的新大教堂也要擁有。他於 1720 年向荷蘭訂購安裝，但鐘樓在 1756 年被雷擊，也毀了鐘琴。第二年重新訂購，當鐘琴和鐘錶師來到聖彼德堡準備安裝和調音時，鐘樓尚未完成重建。在等待期間鐘錶師因窮困死亡。十多年後新鐘琴請德國鑄鐘師安裝，他卻不擅調音。於是俄羅斯人不得不自己重鑄再造，但都不太成功。最後是 21 世紀之初再次邀請荷蘭人出馬。新鐘琴共有 51 個鐘鈴，總重 15 噸，最小的 10 公斤，最大的三噸。音域寬達四個八度，可以演奏大部分古典與現代的音樂。

◇　彼得大帝雕像

　　彼得保羅要塞中有一個彼得大帝雕像，它是上個世紀八十年代在美國設計和製作的，後來捐贈給聖彼德堡，於 1991 年六月正式安裝。

　　這個紀念碑式的雕像曾引起很大爭議，原因是其頭像與身材不成比例，頭部很小，形象「負面」，一開始就受到當地人批評，甚至有人企圖破壞，以至必須有人守衛。後來，原作者做出解釋，成功地說服人們接受了他的觀點。

　　作者米哈伊爾 · 切米米金（Mihail Chemiakin）在塑像上工作了八年，共創作了三個版本。他設計的頭部，來自彼得大帝的真實大小的面部模具，那模具由著名的義大利雕塑家和建築師卡羅 · 巴托洛梅奧 · 拉斯特雷利（Carlo Bartolomeo Rastrelli）在大帝死後六年取得。所以切米米金所塑造的頭部是

▲圖 1-15 比例失調的彼得大帝雕像曾引起爭議。

真實的。但是他將大帝的其他身體部位都拉長和擴大了，整體顯出了怪異。他的初衷，是使塑像接近俄羅斯人的正常身材尺寸，而大帝本人實際上屬於小個子。

說起這位雕塑家，其實他的兒子比他更有名氣，那就是俄羅斯歷史上幾乎是最負盛名的建築師法蘭西斯科・巴托洛梅奧・拉斯特雷利（Francesco Bartolomeo Rastrelli）。他的作品遍及聖彼德堡，包括冬宮、彼得夏宮等、凱薩琳宮、尼古拉斯教堂、斯莫爾尼修道院（Smolny Convent）、阿尼奇科夫宮等。以下提到「拉斯特雷利」，若無特殊說明，都是指兒子「小」拉斯特雷利。

彼得保羅要塞中還有一些值得一遊的建築和景點，例如監獄囚室和指揮官的房子等。

◇ 阿芙樂號巡洋艦

阿芙樂號巡洋艦停泊在要塞約 1 公里處，它是中國大陸遊客的大愛，因為與十月革命緊密相連。

阿芙樂是 Aurura 的音譯，其原意是「極光」。它是俄羅斯三艘帕拉達（Pallada）級巡洋艦裡的一艘，原在太平洋地區服役，1916 年底轉移到聖彼德堡是為了大修。在當時城市革命狂熱的影響下，部分船員加入了二月革命，後又投入了布爾什維克陣營。它向冬宮方向發射的一個啞炮，成了襲擊冬宮的開始。現在它屬於城市博物館的一部分，船員依然視為軍人現役。

至今已有超過二千八百多萬人次參觀了阿芙樂號巡洋艦。我去的那年正值它被拖走大修前夕。2016 年它已經返回聖彼德堡。

▼圖 1-16 阿芙樂號巡洋艦成了一個熱門旅遊景點。

▲圖 1-17 阿芙樂號巡洋艦前供遊客照相的「布爾什維克水手」。

▼圖 1-18 涅夫斯基修道院紀念傳奇人物基輔羅斯大公涅夫斯基。

◇　亞歷山大 · 涅夫斯基修道院

在聖彼德堡的最後一天，我去了離開市中心的幾個景點。東郊的是亞歷山大 · 涅夫斯基修道院（Alexander Nevsky Monastery），地鐵綠線 Ploshchad Alexandra Nevskogo 站離它約一里路之遙。

亞歷山大 · 涅夫斯基是早期基輔羅斯（Kievan Rus）大公國時期的大王子，實際等同於大公，是君主制國家大公國的統治者。涅夫斯基在最艱難的時候擔任了諾夫哥羅德王子、基輔大王子和弗拉基米爾王子，並且打敗了瑞典的入侵，成了俄羅斯早年歷史上的一個傳奇人物。

彼得大帝在 1710 年為他建此修道院，並將其遺物從弗拉基米爾莊嚴地轉移到新首都聖彼德堡，他的巨大銀石棺後來也被遷移到冬宮博物館。

當時選擇修道院的這個位置，是因為相信那是大王子打敗瑞典軍隊的涅瓦戰役所在地。但其實那場戰鬥的位置還有約 19 公里。

修道院共含兩座巴洛克式教堂，一座新古典主義大教堂。緊臨修道院的兩塊墓地裡，埋葬著很多顯赫人士，例如羅蒙諾索夫、柴可夫斯基、陀思妥耶夫斯基，甚至有瑞士大數學家、物理學家、天文學家歐拉，以及一些格魯吉亞的貴族等。

十月革命期間，布爾什維克派了一群水手想來「改造」修道院，被憤怒的信徒群毆，引發暴力，導致一名牧師被槍殺。

◇ 斯莫爾尼修道院

聖彼德堡東北部的斯莫爾尼修道院由一座大教堂和周圍的建築群組成，附近沒有地鐵，但有 76 路公共汽車可達。

去那裡的主要目標，其實是旁邊的斯莫爾尼學院（Smolny Institute），它在十月革命期間叫斯莫爾尼宮，是布爾什維克的總部，列寧也在那裡住了好幾個月。但是斯莫爾尼修道院本身也極有看頭。

▲圖 1-19 彼得大帝的女兒出家當修女時專建的修道院。

彼得大帝的女兒伊莉莎白一開始是被宮廷拒絕繼承皇位的，於是她選擇了當修女，為此建造了這個東正教修道院。但歷史開了個玩笑，得到王位的伊凡六世在短短 14 月後被皇家衛隊的政變推翻，伊莉莎白最終接受提議登上了皇位。然而修道院沒有因此而停工，成就了大建築師拉斯特雷利的又一個傑作。

修道院在 1748 到 1764 年間建成，連同鐘樓它是聖彼德堡建築中的最高之一，也是當時俄羅斯的最高之一。

到了凱薩琳大帝時代，新女皇強烈反對巴洛克而偏好新古典風格。大教堂在建造過程中來回折騰，最終完成之時，大教堂是奉獻給聖瑪利亞 ‧ 抹大拉（Magdalene）和伊莉莎白的。抹大拉指的是《新約聖經》中與耶穌在一起的追隨者猶太女人，傳說中她親眼目睹了耶穌釘上十字架和後來的復活。在四部福音書中，她被提到至少十多次，比大多數使徒還要多。

◇ 斯莫爾尼學院

斯莫爾尼學院是十月革命時的列寧總部，直到 1918 年三月國民政府搬入莫斯科克里姆林宮為止。

斯莫爾尼學院最早是 1764 年凱薩琳大帝下令建造的斯莫爾尼貴族少女研究所（Smolny Institute for Noble Maidens），它是向俄羅斯女性提供教育的重要一步，面向貴族女孩。後來又建立了新德維希研究所（Novodevichii Institute），面向平民女孩。這個俄羅斯第一所女性教育機構一直運行到十月革命爆發。

1934 年蘇聯發生的一件大事是謝爾蓋 ‧ 基洛夫（Sergei Kirov）被暗殺，它就發生在這裡。1991 年以後，它是市長和城市行政部門的辦公地，普京也在這裡工作過。現在裡面設有專

門的列寧博物館，還有當年宣佈十月革命勝利的大禮堂以及列寧辦公室和客廳。

斯莫爾尼學院的建築，是典型的帕拉第奧（Palladian）風格，那是以著名的義大利建築師的名字命名的一種歐洲建築風格，特點是遵循古希臘和古羅馬的正統，強調對稱、透視感和真實價值。這種風格從 17 世紀開始一直持續到 18 世紀末。

冬宮以南、以東、以北三個區域相對集中地展示了聖彼德堡的整體風貌。聖彼德堡作為一個東、西方風格並蓄的城市，其魅力在俄羅斯獨一無二。這個精緻的活力之城，常有你意想不到的驚喜。

然而聖彼德堡最大的驚喜和最靚麗的瑰寶，則非冬宮本身莫屬。

▲圖1-20 斯莫爾尼學院是十月革命時布爾什維克的總部。

▶圖 1-21 街頭歌手的
各方面水準都似乎不
遜專業演出。

◀圖 1-22 涅瓦河通往
彼得堡羅堡的橋上的
浪漫一幕。

Санкт-Петербург
(Sankt-Peterburg)

第二章

世界四強艾爾米塔什博物館

　　聞名遐邇的冬宮，是去俄羅斯和聖彼德堡的必看。它是聖彼德堡的第一名勝和象徵。與莫斯科的克里姆林宮一樣，它是俄羅斯獨一無二的地標和驕傲。

　　中國人習慣上所說的「冬宮」，其實是艾爾米塔什博物館龐大的宮殿建築群中最大的那個。艾爾米塔什博物館具有世界聲譽，與巴黎羅浮宮、倫敦大英博物館、紐約大都會博物館並列為世界四大博物館，而且面積排名第二。

　　在歷史的進程中，它從冬宮逐步擴建成艾爾米塔什宮殿群；從沙皇的居住地，逐步變成了博物館。

　　艾爾米塔什博物館對外開放五個宮殿，分別是冬宮、小艾爾米塔什宮、舊艾爾米塔什宮、艾爾米塔什劇院、新艾爾米塔什宮。新舊艾爾米塔什宮又合稱「大」艾爾米塔什宮。那些宮殿裡面大都相通，其中面對宮殿廣場的就是冬宮，它最大。

▲圖 2-1 艾爾米塔什博物館全景。

◇ 冬宮建築的演變

18 世紀初，彼得大帝結束西歐的取經之行返回後，開啟了西化和擴張的革命性政策。其第一步就是在 1703 年建立新城聖彼德堡，1704 年選擇了第一個皇家住宅。最初的住宅很小很樸素，1711 年才開始建造較大的房子，那就是最早的第一個冬宮。

當時正是歐洲皇家建築的偉大發展時期。由於對居所的堅固性和防禦性要求下降，華麗的古典宮殿開始時興，如著名的路易十四凡爾賽宮就是 1710 年完成的，它是歐洲主權國在皇家建築的規模與輝煌方面競爭的範例。然而彼得大帝與眾不同。儘管他熱衷於引進西方觀念，卻從未渴望在住宅宮闕上與凡爾賽爭鋒。

第一個冬宮十分低調，僅有兩層。11 年後的第二個冬宮依然「謙和」，四年之後大帝就在那裡死去。

冬宮當年在聖彼德堡不是唯一的宮殿，也不是最豪華的。大帝曾命令貴族們也在城中建造住宅，以推動新城市的成形與發展。但是聖彼德堡地面多為沼澤，陽光不足，菜蔬難長。所以大帝 1725 年死後，聖彼德堡遠未成為大帝所設想的西方文化和文明中心。相反地，被迫居住在此的貴族們紛紛離去，城裡幾乎變成荒蕪之地，甚至傳說有野狼在晚間出沒於廣場之上。

彼得二世繼承並擴建了第三冬宮，1728 年完成。但是此後首都遷移至莫斯科，冬宮不再具有皇室宮殿的地位。

彼得二世的女兒安娜‧伊凡諾夫娜（Anna Ivanovna）繼承皇位後，對聖彼德堡青睞有加，重建皇室，並于 1732 再次定都聖彼德堡，直到 1917 年革命。安娜完全重建並擴建了第四個也是最後一個冬宮。

安娜的繼承人伊凡六世是個嬰兒，被彼得大帝女兒伊莉莎白以不流血政變推翻。伊莉莎白統治期間，從前任安娜女皇開始的冬宮改建擴建仍在進行，而且在 1753 年制定了一個全新的、更加宏大的計畫，將冬宮擴建成了當代冬宮的雛形。

後來的凱薩琳大帝再次大興土木、改建擴建，並將第四版冬宮連同新加入的其他（五個）大小宮殿統一改稱為艾爾米塔什。其中小艾爾米塔什是凱薩琳大帝的私人休閒地，也是始於彼得大帝的藝術品收藏之地。艾爾米塔什這個詞來自伊莉莎白為宮殿內的私人殿堂所起的名字，一直沿用至今。

末代沙皇尼古拉斯二世修建了新艾爾米塔什宮，用來收藏不斷擴大的藝術品。

◇ 冬宮建築的風格

彼得大帝創建新城和新宮時都有自己的想法，有意排斥傳統的拜占庭式風格，傾心於當時歐洲的古典風，又稱佛蘭德文藝復興風格（Flemish Renaissance Style）。由於大帝的影響，這種風格在聖彼德堡流行一時，後來乾脆被稱為了「彼得巴洛克」（Petrine Baroque）。

很多建築師對冬宮的設計和演變作出過貢獻，其中最突出的是拉斯特雷利，他獨創了一種簡約易辨的晚期巴洛克風格。他的工作出現在伊莉莎白女皇時代，所以又稱「伊莉莎白女王巴洛克」（Elizabethan Baroque）風格，或俄國新古典主義。

在凱薩琳大帝時代，有其他宮殿添加進來，開始形成艾爾米塔什宮殿群。凱薩琳與彼得大帝一樣，提倡簡單生活方式，所以一開始設計風格變化不大。後來西歐新古典主義慢慢擴張

▲圖2-2 艾爾米塔什宮正面入口處。

蔓延到聖彼德堡，簡約生活開始向最新時尚傾斜。

後來的尼古拉斯一世進一步推動改變，聖彼德堡逐漸成了「帝國之城」，亞歷山大柱就是在那個年代建立的。他在 1837 年火災之後對艾爾米塔什各宮進行了全面重建，外觀結構與形式例如外牆上方以及窗戶的雕像裝飾，改成了典型的巴洛克風格。

這種風格後來一直沒有變，變的只是外部顏色。18 世紀是草黃色，配以白色和鍍金的裝飾；19 世紀尼古拉斯一世將之塗成紅色；二次大戰後繪成綠色配以白色裝飾。這是標準的蘇聯

巴洛克建築的色彩。

艾爾米塔什宮內部是一種巴洛克與新古典主義的結合。當年大師拉斯特雷利的晚期巴洛克，或稱為洛可哥（Rococo）風格，在他之後的不斷改建和重建過程中，幾乎喪失殆盡，碩果僅存的只有約旦樓梯（Jordan Staircase）和大教堂（Grand Church）這兩項了。

現在的冬宮，其綠白宮殿呈長方形的形狀，主要外牆長 150 米，高 30 米，含 1786 個門，1,945 個窗口，1,500 個房間和 117 個樓梯。難怪是世界博物館中展館面積的第二大。

艾爾米塔什宮殿群的冬宮在很長一段時間裡，始終是聖彼德堡最高的建築。尼古拉斯一世曾頒佈法令，私營房屋必須低於它七英尺以下。這條規則從 1844 至 1905 年一直有效。

◇ 冬宮使用的歷史

彼得大帝建造冬宮的初衷是冬天的居所。那個簡約的居所現在是最東面的一座二層小樓房，叫艾爾米塔什劇院。

彼得大帝之後居住於此的，先是其寡婦凱薩琳一世，接著是兒子彼得二世。彼得二世在 1728 年改建第三冬宮後，就將首都遷移到了莫斯科。

彼得大帝的侄女安娜女皇於 1730 年繼位後重建冬宮，首都也再次遷回聖彼德堡，一直維持到 1918 年。

安娜女皇一開始住在鄰近的阿拉辛宮（Apraksin Palace），同時擴建了第四個冬宮，也是最後一個。

冬宮真正發生重大變化，是在凱薩琳大帝時代。她擴建了宮殿群，改名為艾爾米塔什宮，而且將藝術收藏引進宮，變成了藝術博物館。

　　凱薩琳大帝對歐洲藝術品有一種狂熱，而且通常關注數量而不是品質。在羅馬、巴黎、阿姆斯特丹和倫敦的俄羅斯大使們，替她尋找和收購了數以千計的無價藝術品，以致於聖彼德堡的上層社會，甚至羅曼諾夫家族都有人嘲笑她是在「郵購」。

　　史學家們分析，這種不看就買的做法，反映了凱薩琳大帝要人們承認其智力的企圖心。但客觀上這在當時也許是必要的，因為在首都改動皇室搬遷中，龐大數量的傢俱以及裝飾品確實帶來過極大的不便。

　　藝術品收藏的增多導致宮殿進一步擴大，老艾爾米塔什宮就是在這種情況下建立的。艾爾米塔什劇院也在此時取代了已經老舊的彼得大帝第三冬宮。

　　凱薩琳大帝的兒子保羅一世繼位後，不喜歡與母親有關的任何東西，加上對安全的憂慮與固執，他完全拋棄了冬宮，住進了不到兩公里之外的聖邁克爾城堡（Saint Michael's Castle），那裡是他的出生地。他揚言希望死在出生地，詭異的是，他果真在 1801 年居住三周後被謀殺。

　　保羅一世的兒子亞歷山大一世繼位後，打敗拿破崙並掠奪了拿破崙給前妻的戰利品，其中包括大師級別如倫勃朗的「十字架下降」等珍品，冬宮的藝術收藏進一步增強。

　　冬宮自 1732 至 1917 年一直是俄羅斯沙皇的皇宮，居住在宮殿的最後一個沙皇是亞歷山大二世。他被謀殺後，冬宮再也沒有真正居住過。亞歷山大三世擔心安全而搬到了 40 公里外的加特契納宮（Palace of Gatchina）。

1904 年俄日戰爭後，最後的沙皇尼古拉斯二世永久性地拋棄了冬宮和聖彼德堡，搬遷到了郊外沙皇村的亞歷山大宮（Alexander Palace）。冬宮成了一個行政辦公樓以及偶爾的官方娛樂場所。

◇ 冬宮的故事

歷史上，皇室成員並不是冬宮的唯一居民。在頂層閣樓金屬框架下面相當大的空間裡，居住著宮殿的僕人群。宿舍非常龐大，有一次僕人和家屬居然混了進來，而且持續了相當長時間。最後被發現，卻是因為牛糞便的氣味，因為他們竟敢將牛也帶進了閣樓！為廚房提供新鮮牛奶的奶牛應該是停留在特定地方的。

第一次世界大戰初期，俄羅斯軍隊在波蘭和德國遭受重創，送回大批傷患，冬宮便成了傷患的安置地，而且乾脆更名成了阿列克謝・尼古拉耶維奇（Alexey Nikolayevich）醫院，那是末代沙皇兒子的名字。1915 年 10 月起，更是成功地改變為一座設備齊全的大醫院。宮殿的客人房改成了病房，各種大廳、畫廊、內室、皇室公寓等等，變成了更衣、手術、儲藏、食堂等等設施。

俄羅斯 20 世紀初曾在冬宮發生的事件中，最為出名的有三件：1905 年的血腥「星期日大屠殺」、1906 年的第一屆國家杜馬、1917 年的十月革命。

星期日大屠殺起因是三萬多工人在冬宮廣場請願，要求社會與政治改革。一開始帝國政府並無行動，後不知何人先開了一槍，官方下令鎮壓，導致千多人死亡。血腥星期日是沙皇最後滅亡的直接導火線。

1906 年的第一屆國家杜馬，是俄羅斯的第一個民主議會，它是在冬宮的聖喬治館（St George's Hall）開幕的。

1917 年的十月革命家喻戶曉。中國人知道冬宮，就是始於十月革命。

大陸中文媒體中所宣傳的十月革命經典畫面，是涅瓦河上的阿芙樂爾巡洋艦「一聲炮響」，布爾什維克領導下的工人和水手「赤衛隊」手持武器穿過宮殿廣場，高聲呼喊著衝向冬宮，進而擊潰臨時政府的抵抗而武裝佔領了冬宮。

具有諷刺意味的是，赤衛隊實際是通過一個打開的後門進入皇宮的，那個門由傷患和殘疾人及後備人員守衛，這是蘇維埃政權誕生的歷史瞬間。在臨時政府成員被捕後，有匿名證人指稱，布爾什維克開始了毀滅性的暴行，宮殿從上到下被掠奪和毀壞，無價的畫像被刺刀從框架上撕開，包裝著華麗盤子和瓷器的箱子被打開，珍貴物件被砸碎或者帶走，圖書館的藏書、沙皇的沙龍、巨大的水晶體、書桌、圖片、裝飾品……一切都被毀掉，所有的房間一片混亂。

對聖彼德堡全局真正發生重大影響的，竟然發生在冬宮的酒窖。那是歷史上規模最大、儲藏最豐富的酒窖，有世界上最好的葡萄酒，包括沙皇最喜歡的、無價的 1847 年的卡爾姆城堡（Chateau de Calme）品牌。當這批紅色暴民發現了酒窖並狂飲消費這些高濃度酒精後，局面開始失控，隨後幾個星期出現了全城搶劫和動亂。布爾什維克不得不進行了「徹底的解決」，一方面將酒直接倒入涅瓦河，導致平民大眾在宮殿排水溝沿途圍觀聚集，另一方面企圖炸掉整個地窖，但被認為太過危險。最終的解決是宣佈了戒嚴。

◇ 艾爾米塔什博物館

冬宮的歷史和冬宮的故事，終究比不上我們走進博物館，親眼目睹奇世珍寶的絢麗與神奇。

冬宮每天的遊客成千上萬，避開排長隊的最好方法，是網上預購門票並列印出來，屆時直接去中央大門進入。穿過內部大院，就到了博物館真正的入口。

博物館的五個宮殿內部相通。最大的冬宮三個層樓都對外開放，小、大艾爾米塔什宮則只開放二層。進口處有參觀指南手冊，中文或英文版本都十分有用。

冬宮的陳列展品多達三百多萬，僅僅走完開放的 350 間展室的行程就長達 22 公里，不可能一一看完。如果抓住重點只看精華，也至少需要四個小時。

博物館第一層展出的是古代文物，包括古埃及、古希臘、古羅馬、古東方，以及高加索、中亞、西伯利亞和歐亞遠古時期。

一個例子是西元前三世紀的古代平原騎士（Pazyryk Horseman）圖像，在冬宮一樓西側 26 展室。那是西伯利亞阿爾泰山一個叫 Pazyryk 的山谷。

一樓的展出面積橫跨冬宮和新老艾爾米塔什宮，但並不很大。

博物館第二層是西歐與俄羅斯十六、七、八世紀的繪畫精品，也有西歐兵器以及宮殿內部裝飾。這第二層是參觀的重點，展出面積也是最大的，涵蓋了冬宮、新老大小艾爾米塔什宮。

二層的珍品包括：（義大利）達芬奇（DaVinci）的「麥當娜和她的孩子」（Madonna and Child），在老艾爾米塔什宮二樓

▲圖 2-3 艾爾米塔什宮內院。

▶圖 2-4 艾爾米塔什宮
內大廳及樓梯。

的 214 室；（義大利）卡拉瓦喬（Caravaggio）的「彈琵琶的人」
（The Lute Player），在新老艾爾米塔什宮二樓的 237 室；（英
國）湯瑪斯‧庚斯博羅（Thomas Gainsborough）的「藍衣女子」
（Woman in Blue），在冬宮二樓西南角的 298 室；（法國）讓‧
奧諾雷‧弗拉戈納爾（Jean-Honoré Fragonard）的「偷來的吻」
（The Stolen Kiss），在冬宮二樓西南角的 288 室。

　　博物館第三層有西歐和法國的近代以及近遠東和中亞的
展品，它只占大約一半的面積，是最小的。展出的油畫包括
（西班牙）畢卡索（Picasso）的「苦艾酒飲者」（The Absinthe
Drinker），在冬宮三樓 348 室；（法國）莫內（Monet）的「霧
中的滑鐵盧大橋」（Waterloo Bridge: Effect of Mist.），在冬宮三樓
的 319 室。

　　冬宮北翼靠近涅瓦河一側，有個頗有來頭的豪華樓梯，叫
「約旦樓梯」，它是冬宮「碩果僅存」的少數幾個 18 世紀風格
的建築。當年沙皇在每年主顯節儀式（Feast of the Epiphany）上，
就是走下這個「帝國的階梯」去為涅瓦河表示「水的祝福」，
以慶祝傳統上基督在約旦河的洗禮。樓梯周圍的廊廳裡，大量
灰色的花崗岩立柱，是 19 世紀後來增加的。

▲圖 2-5 博物館內展室之間的廊廳。

▼圖 2-6 博物館內的人物畫像專廳。

◀義大利達芬奇的「麥當娜和她的孩子」。

▶圖 2-8 英國湯瑪斯・庚斯博羅的「藍衣女子」。

◀圖 2-9 法國讓・奧諾雷・弗拉戈納爾的「偷來的吻」。

◇ 宮殿廣場

艾爾米塔什博物館前面的宮殿廣場，連接著涅瓦大道和涅瓦河上的宮殿大橋（Palace Bridge），開闊浩大，它是聖彼德堡的中心城市廣場。

1918 至 1944 年期間，宮殿廣場曾改名為「烏里茨基廣場」（Uritsky Square），以紀念被暗殺的秘密員警契卡（Cheka）的聖彼德堡分部領導人烏裡茨基。

廣場的南端是又一座獨一無二的宏偉建築。它呈弓形，圍繞著大半個廣場，連綿不絕蜿蜒伸展，有一種「無邊無際」的恢弘態勢。這是一座帝國風格的大樓，是 1819 至 1829 年間的帝國總參謀部。中央有一雙重凱旋門，凱旋門頂上是一座羅馬式武士與四駕驅馬車的動態雕像，巍峨英武。拱門和裝飾以及整體大樓的設計，雖然豪華繁縟與金碧輝煌的程度比不上對面的冬宮，其氣勢卻有過之而不及。

在冬宮裡面穿梭來往於各宮殿和展室之間時，就可以從廳堂走廊的窗戶俯視宮殿廣場及其南端的藩籬「圍城」般的浩瀚大樓。五十年代流行於大陸中國的蘇聯老電影《列寧在十月》，進攻冬宮的鏡頭就是從這個角度拍攝的。

事實上大陸中國人所熟悉的十月革命畫面，正是來自這個弓形大樓及其雙重凱旋門前的那一幕。連綿不絕的大樓充斥了螢幕，密密麻麻烏泱烏泱的工人與水手高舉武器吶喊而來，那是一個人山人海波瀾壯闊的畫面。

▲圖2-10 宮殿廣場南端帝國風格的弧形大樓曾是帝國總參謀部。

▲圖 2-11 帝國風格的大樓中央的雙重凱旋門。

▲圖2-12 從艾爾米塔什宮俯視宮殿廣場和對面的宏偉弧形大樓。

◇ 亞歷山大柱

宮殿廣場中央的亞歷山大柱，是為紀念亞歷山大一世戰勝拿破崙而立，建於 1830 至 1834 年間。

亞歷山大柱揭幕的 1834 年 8 月 30 日，恰好是君士坦丁堡的聖亞歷山大日（St. Alexander of Constantinople's Day）。那個「聖亞歷山大」是拜占庭主教，也是君士坦丁堡的第一位大主教，在東正教具有極高的聲望。揭幕日借「彼」亞歷山大來襯托「此」亞歷山大，可謂用心良苦。

大柱高近 48 米，是世界上凱旋類碑柱中的最高。雖然倫敦大火紀念碑（Monument to the Great Fire of London）高達 62 米，但屬於不同的類別。大柱的另一個紀錄，是在被開採並移動和豎立的岩石中，它是最重的。

亞歷山大柱雕自單塊紅色花崗岩，長 25.45 米，直徑 3.5 米。從芬蘭獲得後，用專門設計的駁船海運到聖彼德堡。在沒有現代起重機和工程機械的幫助下，這個重達 600 噸的柱子竟然在三個小時之內成功豎立，靠的是 3000 名男子的人力，而且安置得整齊完美，不需要對準基座的附加件幫助，完全靠自身的重量固定在設計的位置上，堪稱奇跡。

大柱頂部是一個天使和十字架雕像，據說雕塑家故意將其臉形塑造成了亞歷山大一世的模樣。

亞歷山大柱的基座每側都是一幅浮雕。主要的一幅面北對著冬宮，內容是俄羅斯的軍事榮耀，記錄著愛國戰爭事件有關的歷史英雄人物，以及他們的戰盔、盔甲、胸甲、鎖子甲、盾牌等。其他三面表達的是智慧與繁榮、正義與仁慈、和平與勝利。

▲圖 2-13 宮殿廣場中央的擎天之柱亞歷山大柱。

▲圖 2-14 宮殿廣場供自駕環遊廣場的出租雙輪機動小車。

◇ 十二月黨人廣場

　　冬宮西南有一個十二月黨人廣場，靠近聖以撒大教堂。以前它叫彼得廣場，1925 年為了紀念一百年前的十二月革命而改名十二月黨人廣場，2008 年以後又改稱參議院廣場。

　　十二月黨人是一群部隊中下層軍官中的貴族精英。他們在西歐有過一段切身經歷與體驗，萌發了對自由的渴望與改革的意願，反映了當時社會的進步要求。但是武裝起義被沙皇尼古拉斯一世殘酷鎮壓，他們的領袖被處決或流放。

　　廣場的北端是彼得大帝雕像，東面是金鐘大樓，即俄羅斯海軍軍部大樓。

◇ 金鐘大廈

　　金鐘大廈是以前皇家海軍的總部和聖彼德堡海軍總部，也是現在的俄羅斯海軍總部。它原先是一個造船廠，19 世紀沙皇重建成大廈，並用堡壘包圍，用護城河給以保護。

　　金鐘大廈位於城市中心三條主要街道的交匯處，反映了彼得大帝對帝國海軍的重視。

　　金鐘名稱來自帝國海軍的最高機構「金鐘委員會」（Admiralty Board）。大廈高聳的尖頂，及其上方金色的風向標，是聖彼德堡的耀眼地標。

◀圖 2-15 金鐘大廈一直是俄羅斯皇家海軍總部。

◇ 彼得大帝雕像

　　彼得大帝雕像位於十二月黨人廣場北端，是一個騎馬雕像，作者是法國雕塑家。它也叫「青銅騎士」（The Bronze Horseman），來自普希金的同名詩作，從此成為它的代名詞。那首詩創作於 1833 年，被認為是俄羅斯文學最重要的作品之一。雕像現在成了聖彼德堡的一個標誌。

　　雕像由凱薩琳大帝下令建造，高六米，基座七米，總共約 13 米，重 20 噸。基座是一巨大的雷霆石（Thunder Stone），是人類曾經移動的最大石頭。它最初重約 1500 噸，在運輸過程中被雕刻到 1250 噸。雷霆石來自芬蘭灣，傳說雷霆將一塊巨大的環斑花崗岩劈開而成，故而得名。

　　設計師原想在原地塑造雕刻，但凱薩琳大帝堅持先移動後切割。由於該地區濕潤，巨石又陷埋於地中，必須開發新方法和新工具，使得移動大石極具挑戰性。最後是等待冬天地面結冰後，採用類似於滾珠軸承的金屬雪橇，歷經 400 人九個月的努力，才抵達海上專門製造的巨大駁船實現海上運輸，外加兩艘軍艦支援，兩年之後才完成了不可能的任務，巨石於 1770 年到達目的地。

　　大帝雕像描繪了彼得一世的馬上英姿，伸出的手臂指向涅瓦河，騰越的駿馬後蹄踩著一條毒蛇，象徵著對邪惡、敵人、背叛的勝利。作者企圖捕捉和塑造的整體形象，是仿佛在懸崖邊緣戲劇性的英武瞬間。這個作品本身就是一個傳奇。

　　凱薩琳大帝來自德國，又是通過政變而上臺，所以史學家評說她積極推動整個建造過程，是急於塑造自己在人民眼中的合法性，熱衷於將自己與彼得大帝聯繫起來，變成彼得大帝的合法繼承人。她於 1782 年下令在底座上用拉丁語和俄語刻下了

「凱薩琳第二對彼得第一 1782 年」，表達了對前任的讚賞和被視為繼承人的願望。

　　基座破土開挖後的 14 年，雕像在數千人的儀式上正式揭幕，然而設計師卻詭異地缺席，也不再被人提起。那位法國藝術家在最後四年被迫離開了俄羅斯，因為凱薩琳大帝與之發生了衝突，並將青銅騎士從此視作了她自己的作品。

　　19 世紀開始有個傳說：只要青銅騎士仍然屹立，敵人便無法征服聖彼德堡。二次大戰期間德軍對聖彼德堡的 900 天圍困和轟炸最終也沒有傷及青銅騎士，證實了那個美麗的傳說。

　　大帝雕像對聖彼德堡的象徵意義，相當於自由女神像之於紐約。

▼圖 2-16 彼得大帝雕像也叫青銅騎士雕像。

▲圖 2-17 大帝雕像展現彼得一世
馬上英姿。

◀圖 2-18 涅瓦河畔的路邊新娘。

Санкт-Петербург
(Sankt-Peterburg)

第三章

俄羅斯第一街涅瓦大道

俄羅斯的主要觀賞重點，可以大略歸結為「四宮二帝一大街」，即冬宮、克里姆林宮、彼得夏宮、凱薩琳宮；彼得大帝、凱薩琳大帝；以及「涅瓦大道」。

◇ 涅瓦大道

涅瓦大道英文的直譯應該是涅夫斯基大道，但是中國人習慣了涅瓦大道。涅瓦大道之所以名聲響亮，不僅因為本身的繁華富裕，而且因為它沿途的名勝景點堪稱奇珍異寶，琳琅滿目。

涅瓦大道西起冬宮附近的海軍總部大廈，東至起義廣場，然後在那裡拐彎，直到東南的涅夫斯基修道院。聖彼德堡的地鐵系統也特別青睞涅瓦大道，沿途的地鐵站不下五、六個之多。

在十九世紀俄羅斯文學黃金時代，涅瓦大道是文豪墨客喜歡光顧和描寫的地方。尼古拉・果戈理（Nikolai Gogol）寫過《涅夫斯基大道》的故事；杜斯妥也夫斯基經常將涅瓦大道作為他作品的背景，例如《罪與罰》（Crime and Punishment）和《彼德堡之詩》（A Petersburg Poem）。涅瓦大道上的文學咖啡館（Literary Cafe）是那個時代文豪們的大愛，現在那裡依然是購物者的「血拼」之地，也是夜生活愛好者的人間天堂。

在聖彼德堡看完了冬宮及其四周的景點以後，我決定沿著涅瓦大道走一趟，從冬宮步行至起義廣場，全長大約不到七里路。

▲圖3-1 涅瓦大道是聖彼德堡的主要大道。

▲圖 3-2 格烈博多夫運河通往救世主喋血教堂。

◇ 救世主喋血教堂

　　從起點向東一里多的地方，涅瓦大道與格烈博多夫運河（Griboyedov Canal）交界。向左朝北拐，然後沿著運河走，遠遠一座宏偉教堂聳入雲霄映入眼簾，那就是救世主喋血教堂！

　　救世主喋血教堂是為紀念亞歷山大二世被害而建，而且就建在當年暗殺發生的確切地點。

　　1881 年 3 月 13 日沙皇坐馬車沿河堤經過，一位無政府主義

恐怖份子向馬車投擲炸彈，炸傷了馬車夫。沙皇停車下來探問車夫，第二位恐怖份子再次投擲，炸傷了沙皇，被送回冬宮幾個小時後死亡。

　　為建立永久性的祭奠「神社」，其子亞歷山大三世展開了大規模規劃和籌款，壓縮了運河道，使沙皇當年經過的路段包括在了大教堂牆內。

　　大教堂與聖彼德堡的其他建築很不一樣，故意沒有採用城裡的巴洛克風格和新古典主義，而是模仿莫斯科紅場的聖巴索大教堂那種中世紀的俄羅斯建築風格，體現了一種浪漫民族主

▼圖 3-3 救世主喋血教堂赫然聳立雄偉壯觀。

▲圖3-4 救世主喋血教堂模仿了莫斯科紅場聖巴索大教堂的中世紀俄羅斯建築風格。

義的恢弘氣勢。

　　大教堂的最大特點除了外部的宏大輝煌，就是其內部的超大量馬賽克裝飾，總面積超過 7500 平方米，堪稱世界之最。表達的均為聖經的場景與人物，細節精緻繁複，整體富麗堂皇，難怪最後大大超出預算。24 年後的 1907 年，才終於由末代沙皇尼古拉斯二世全面完成。

　　十月革命後教堂被洗劫掠奪，內部嚴重損壞，1932 年被關閉。二戰期間被用作臨時停屍房，戰後成為蔬菜倉庫，為此人們譏諷為「土豆救主教堂」（Savior on Potatoes）。

　　現在大教堂是個博物館，但也開放禮拜功能，不過並非全職禮拜。

▲圖 3-5 救世主喋血教堂內部超大量的馬賽克裝飾是一大特點。

◇ 俄國博物館和俄國民族博物館

救世主喋血教堂幾個街區之遙，就是俄國博物館和俄國民族博物館。兩個博物館彼此相近，可以一起規劃參觀。

俄國博物館（Russian Museum）也叫「俄羅斯國立博物館」（The State Russian Museum），是聖彼德堡甚至俄羅斯最大的博物館之一。它由末代沙皇為紀念其父亞歷山大三世而建，收藏多為藝術品，來自冬宮、亞歷山大宮和帝國藝術學院（The Imperial Academy of Arts）。

博物館的主樓米哈伊洛夫斯基宮（Mikhailovsky Palace），是 1819 年為大公爵米哈爾 · 帕夫洛維奇（Grand Duke Michael Pavlovich）而建，是一座新古典主義住宅。

◀圖 3-6 俄國民族博物館。

▶圖 3-6 俄國博物館。

◇ 普希金雕像

　　普希金雕像在聖彼德堡有好幾個，最好的要數俄國博物館前面伊斯庫斯特夫廣場（Ploshchad Iskusstv）上的那座，那廣場又叫藝術廣場。

　　這座雕像原為紀念聖彼德堡成立 250 周年而建，但 1953 那年恰逢史達林去世，為此推遲了四年，實際矗立於 1957 年。

　　雕塑家由於這個作品而獲得了列寧獎。在獲獎感言中他談到了設計思路：普希金思想清晰，行為直接，性格生動，所以他的普希金形象也散發著歡樂與陽光。

▲圖 3-8 俄國博物館前面的普希金雕像曾獲列寧獎。

▲圖 3-9 寬闊雄偉的喀山大教堂。

◇ 喀山大教堂

　　參觀完救世主喋血教堂和俄國博物館之後，向南回到涅瓦大道，街對面赫然一座寬闊雄厚的大建築，圍廊雙臂前展，中央拱頂威嚴，那就是端莊的喀山大教堂。

　　喀山大教堂也叫喀山聖母大教堂（Cathedral of Our Lady of Kazan），它供奉的喀山夫人（Our Lady of Kazan）是俄羅斯最受尊敬的偶像，號稱上帝之母（Mother-of-God of Kazan），具有俄羅斯東正教堂的最高身份（Statue），也是全俄羅斯的神聖保護者。

　　教堂建於 1801 年，模仿了羅馬聖彼得大教堂，比如巨大的拱頂和浩瀚的柱廊。據說沙皇保羅一世曾打算在涅瓦大道東頭再建一座類似的教堂，但未實現。第一座教堂開建之時，已是他的末年了。

　　拿破崙 1812 年入侵時，俄羅斯總司令庫圖佐夫（Mikhail Kutuzov）曾到教堂向喀山夫人祈禱求助。戰爭結束後，人們感激教堂保佑戰勝了敵人。庫圖佐夫於 1813 年就埋葬在喀山大教堂裡。大詩人普希金曾在此教堂對著將軍的墳墓冥思，並寫下不朽的名句。1815 年，俄羅斯軍隊帶著歐洲 17 座城市和八個要塞的「鑰匙」自豪地凱旋，並將它們安放在教堂的聖器收藏室內。1837 年，大教堂前豎起兩座銅像，其中一座就是庫圖佐夫。

　　俄羅斯歷史上第一次政治示威「喀山示威」就發生在 1876 年的喀山大教堂。十月革命後教堂關閉，1932 年成為宗教和無神論史博物館，1992 年大教堂回歸東正教會，恢復服務。

　　東正教內有一個崇高的榮譽稱號「Cathedral Church」，含「最主要」的意思，在聖彼德堡僅有一個。最早它授予了彼得保羅大教堂，後來給了聖以撒大教堂，最後是喀山大教堂。

　　大教堂巨大的青銅門不同凡響，來自義大利佛羅倫斯著名的薩洗禮堂（Baptistry in Florence），是其原始大門兩個版本中的一個，另一個在美國三藩市的格雷斯大教堂（Grace Cathedral）。

▲圖3-10 低調平實的凱薩琳教堂是俄羅斯歷史悠久的天主教堂。

◇ 凱薩琳教堂

　　凱薩琳教堂在喀山大教堂以東不遠的街對面。一座兩層高的淺粉色建築並不顯眼，卻是俄羅斯歷史最悠久的天主教堂，也是唯一一座擁有 Basilica 稱號的大教堂。天主教堂在東正教一統天下的俄羅斯被允許建造，是彼得大帝在 1705 年簽署一份特許狀（Charter）的結果。

　　最早那個教堂建於 1710 年，後由安娜女皇批准重建。工程一波三折，原先的設計師是建造保羅彼得大教堂的同一人，沒完成設計便死去，接手的法國設計師也中途離去，最後歷經 50 多年才於 1783 年完工，那已是凱薩琳大帝時代，遂以凱薩琳命名。

　　整座建築呈拉丁十字架形狀，最高層有大圓屋頂加冕，不過在街面上仰視並不容易看到。教堂長 44 米、寬 25 米、高 42 米，正門上方高欄杆上有四位人物雕像，他們是傳福音的天使。教堂可容納二千人同時祈禱。

◇ 國家圖書館

這個國家圖書館以前有過許多不同的名字，如帝國公共圖書館（1795-1917），俄羅斯公共圖書館（1917-1925），國家公共圖書館（1925-1992）。

它是全國第一個國家圖書館，也是最古老的公共圖書館，享有國際盛譽。1794 年凱薩琳大帝佔領波蘭，華沙主教的著名波蘭國家圖書館便被「借鑒」了過來。1795 年俄羅斯國家圖書館批准建立，那時離大帝辭世只有 18 個月。

建立公共圖書館的想法早在 18 世紀初出現，真正付諸實踐由俄羅斯啟蒙運動開始，政府開始積極鼓勵對俄羅斯文化產生深遠影響的藝術與科學活動，包括建立大學、圖書館、劇院、公共博物館等。

圖書館原定於 1812 年開放，但因拿破崙入侵推遲了兩年。蘇聯時期的 1921 年，圖書館中的波蘭語書籍歸還了波蘭。當初沙俄從波蘭佔領區總共繳獲了 42 萬冊，但被盜竊，途中還丟失了部分，又被俄羅斯士兵賣錢去掉了一部分，最終歸還時只有五千多冊了。

國家圖書館位於涅瓦大道中段。到了這裡，涅瓦大道就已經看了一大半了。

▲圖3-11 國家圖書館是俄羅斯全國最古老的公共圖書館。

◇ 凱薩琳雕像

凱薩琳雕像是一個紀念碑，建於 1873 年。凱薩琳大帝的統治是俄羅斯的黃金年代，她為改善城市基本建設和人民生活條件、為繁榮文化教育等作出過努力，被人民敬仰崇拜為開明君主。

紀念碑選擇在涅瓦大道中心地段一個小廣場，與國家圖書館、阿尼奇科夫宮、亞歷山大劇院等毗鄰，沒有再好再合適的地點了。

紀念碑由當時最優秀的雕塑家和建築師設計製作。他們為大帝穿上正式的禮服，右手握權杖，左手拿花圈，四周圍繞著她的親信大臣、將軍、貴族，裡面有俄羅斯史上最負盛名的將軍亞歷山大 · 蘇沃洛夫（Alexander Suvorov）、王子波提諾姆（Prince Potiomkin）、政治家兼閨蜜葉卡捷琳娜 · 達什科娃（Ekaterina Dashkova）、著名詩人加夫里拉 · 傑爾紮溫（Gavrila Derzhavin）等，其中有侍女與情夫，以至於至今仍有人愛對雕像上的情夫們指指點點。

大帝實際身高僅約一米六，塑像卻造得高大威武，額頭又高又光，顯出聰明果斷。這倒符合事實，因為國人常說：額頭高，運道好，哈哈。

▲圖 3-12 位於涅瓦大道中心地段的凱薩琳大帝雕像。

▲圖 3-13 普希金劇院是俄羅斯戲劇的真正故鄉。

◇ 普希金劇院

　　普希金劇院又叫亞歷山大斯基劇院（Alexandrinsky Theatre），就在凱薩琳大帝紀念碑後面。那是一座高大雄偉的淺粉色新古典主義建築，約有四、五層高。它是俄羅斯戲劇的真正故鄉。

　　劇院設計師是出生于義大利的俄羅斯人卡羅・羅西（Carlo Rossi）。這是一位偉大的建築師，他的作品遍佈聖彼德堡，包括冬宮對面的總參謀部大廈和雙重拱頂凱旋門、俄國博物館、

國家圖書館等等。

普希金劇院是聖彼德堡第二大的著名劇院，僅次於馬林斯基劇院。其起源可追朔到 1756 年，伊莉莎白女皇頒佈法令，創建俄羅斯第一個專業劇院來介紹悲劇喜劇等多種戲劇形式。第一個「呱呱墜地」的，是一簡易的木制建築，然而戲劇迅速發展，演員人數大增，一個更大、石制、永久性的大劇院便成了呼之欲出的目標。

劇院的設計建造由於拿破崙入侵而一波三折，先後有兩位法國建築師提出過設計方案，但最終勝任的還是卡羅・羅西。項目完成於 1832 年，一舉成為新古典主義建築的卓越代表。為紀念當時的沙皇尼古拉斯一世的妻子，劇院外部採用了她喜歡的黃色和白色的配色方案。

劇院正面大門頂部，聳立著四駕馬車的阿波羅戰車雕像，神采飛揚，氣勢軒昂，是整座建築的點睛之作。

尼古拉斯一世對羅西的工作成就十分讚賞，賜予了建築師永久性的專有包廂。可惜後來羅西生活窘迫，無奈之下出租包廂，沙皇知道之後立馬剝奪了他的權利。

◇ 阿尼奇科夫宮

阿尼奇科夫宮緊鄰凱薩琳雕像，名字來自附近著名的阿尼奇科夫大橋。伊莉莎白女皇建造了這個巴洛克風格的宮殿，是當時最壯觀的私人住宅。工程持續了 13 年，完工於 1754 年。

女皇後來將宮殿贈送給一位叫阿列克謝・拉祖莫夫斯基（Alexei Razumovsky）的伯爵，那是她最喜愛的情人，甚至有說

▲圖3-14 阿尼奇科夫宮曾是當年最壯觀的私人住宅。

是她事實上的配偶。伯爵去世後皇室收回了宮殿。

　　凱薩琳大帝時代，宮殿翻新為新古典主義風格，還增添了一個英式花園。大帝將此贈予了王子，王子死後，回歸的宮殿成了皇室內閣所在。後來的亞歷山大一世進一步擴建，並不斷更新內部裝飾。與此同時，涅瓦大道沿街的貴族建築也開始湧現。主導這一輪設計和擴建的建築師，是俄羅斯沙皇時代另一位重要而多產的大師賈科莫‧誇倫吉（Giacomo Quarenghi），他的另一個傑作，就是斯莫爾尼學院。

　　亞歷山大三世登基前後最喜歡的住所就是阿尼奇科夫宮，而不是冬宮。其孫子尼古拉斯二世在這裡度過了童年。二月革命後，臨時政府的行政大樓也在這裡。十月革命後國有化，成了聖彼德堡的市博物館。1934年後這裡成為少年之家和課外活動場所。裡面有一個小型博物館，但是主體部分不對外開放。

◇ 豐坦卡河和阿尼奇科夫橋

　　涅瓦大道繼續向東有一條比格烈博多夫運河寬闊的河流豐坦卡河（Fontanka River）。它是涅瓦河的分支，長約 13 里，寬達 70 米，深 3.5 米，幾乎橫穿市中心。沙皇時代的貴族早早注意到它的價值，高官達人紛紛沿河堤建私宅，以致於河兩岸的高檔住宅一字排開，頗為壯觀。

　　18 世紀中葉之前，豐坦卡河曾經是聖彼德堡的南部邊界。18 世紀後期，河道管理專業化，清理河床，修建堤防，架起 15 座橋樑，城市進一步向南擴展。

▼圖 3-15 阿尼奇科夫橋頭四座馴馬師雕塑之一。

河兩邊的巴洛克建築遺址包括謝列梅捷夫宮（Sheremetev Palace）、貝洛舍爾斯基宮（Belozersky Palace）、舒瓦洛夫宮（Shuvalov Palace）；新古典主義建築包括凱薩琳研究所（Catherine Institute）、阿尼奇科夫宮、尤蘇波夫宮。不過若一一細看這些建築，就得離開涅瓦大道向南北兩邊走開去。

豐坦卡河上的 15 座橋中，比較出色的是羅蒙諾索夫橋和埃及橋，但最古老最著名的，是阿尼奇科夫橋。

阿尼奇科夫橋最早是彼得大帝下令建於 1716 年的木橋，橋名來自工程師。

隨著交通流量增加，1721 年推出了三跨度的石制新吊橋，1841 年改掉了不合時宜的大型塔樓結構，1906 年加強拱門再次重建，形成了現今的樣子。

阿尼奇科夫橋的最大看點是橋頭的四座馴馬師雕塑，它們已成為聖彼德堡的知名地標。雕塑家是一位俄羅斯男爵，靈感來自法國雕塑家紀堯姆 · 古斯古（Guillaume Coustou）為羅馬所雕的狄俄斯庫（Dioscuri）孿生兄弟的一組馴化師作品。那組雕塑用巴洛克大理石設計，位於羅馬城東北的一個小山上，也曾在巴黎香榭麗舍大道展出過。

阿尼奇科夫橋頭的四個雕像中，人與馬的姿態和互動各不相同，極具戲劇性與觀賞性，以致於當時的尼古拉斯一世還將「通用版」贈送給了普魯士國王和那不勒斯城市，每家兩個，以感謝去那裡訪問受到的款待。後來有人發現其中兩匹馬居然沒有舌頭！雕塑家在這之後便神秘地去世了。坊間傳說，雕塑家在一匹青銅馬的尾巴之下，隱隱雕刻了他的仇人的臉，那是一位有權勢的情敵。

◀圖 3-15 阿尼奇
科夫橋頭四座馴馬
師雕塑之二。

▶圖 3-15 阿尼奇
科夫橋頭四座馴
馬師雕塑之三。

　　我在聖彼德堡所住旅館的前臺小姐向我介紹阿尼奇科夫橋
頭馴馬師雕像時，這些傳說被描述得繪聲繪色。

　　二戰中橋樑被毀，但雕塑被拆下埋於附近阿尼奇科夫宮的
花園裡，沒有毀壞。在聖彼德堡三百年大慶之際，大橋進行了
徹底的修整。

▲圖 3-15 阿尼奇科夫橋頭四座馴馬師雕塑之四。

◇ 比索爾斯基宮殿

阿尼奇科夫橋以東是另一個大宮殿比索爾斯基宮。

比索爾斯基宮由伊莉莎白女皇所建，也是巴洛克風格。我們已經注意到，這位女皇與後來凱薩琳大帝偏愛的新古典主義，口味不同。

1747 年第一次建成時的宮殿規模很小，是為王子安德列維奇 • 比索爾斯基而建。王子的兒子米哈伊洛維奇繼承宮殿之後，由於與當朝沙皇保羅一世交往很深，沙皇在 1800 年允許恢復比索爾斯基家族的古老稱號：貝洛澤斯克王子（Prince of Belozersk）。從那時起，王子的家庭被稱為「比索爾斯基 • 貝洛澤斯克」，成為雙姓。宮殿也改稱為比索爾斯基 • 貝洛澤斯克宮。所以比索爾斯基宮的說法只是簡稱。

米哈伊洛維奇王子獲得雙重姓氏之後，兒子還小時他便去世了。遺妃埃琳娜 • 帕夫洛夫納（Elena Pavlovna）成為主人，重建宮殿，搞得十分奢華，獲有最奢華宮殿之一的聲譽。埃琳娜在宮殿裡舉行球賽和音樂會，儼然成了聖彼德堡「最好女主人」。

宮殿在埃琳娜兒子手中由於開銷太大難以為繼而出售，新主人是個公爵。他對宮殿再次大規模改造，增加了圖書館和大教堂。公爵後來捲入政治，在克里姆林宮被暗殺。其遺孀將宮殿贈與一位大公，自己出家當了尼姑。一戰中宮殿成了英俄醫院，1917 年革命前夕大公賣掉了宮殿，國有化後成為市文化中心。二戰中內部洛可哥裝飾受到極大破壞，直到 1954 年才恢復。

▼圖 3-19 比索爾斯基宮曾叫伊莉莎白女王宮。

▲圖 3-20 起義廣場是聖彼德堡的一個主要廣場。

◀圖 3-21 聖彼德堡涅瓦大道上的乞討者。

◇ 起義廣場

起義廣場也是聖彼德堡的一個主要廣場，位於涅瓦大道向東南轉向處。去往莫斯科的火車站 Moskovsky 和地鐵 Ploshchad Vosstaniya 站就在那裡，所以起義廣場也叫伏斯塔尼亞（Vosstaniya）廣場，即地鐵站的名字。

當年彼得大帝修建的涅瓦大道，是通往諾夫哥羅德和莫斯科城間公路的起點。當涅瓦大道雙向迎面而建在此廣場相遇時，才發現這裡的建築過於低矮，所以街面銜接時是下滑的，成了一段趣聞。

廣場的建設始於 1844 年。首先建的是通往莫斯科的火車站，隨後是對面一個帶有冬季花園的大酒店。現在的車站和大酒店已經多次重建，但基本形狀一直沒有變。

1909 年廣場上豎起了亞歷山大三世的騎馬青銅紀念碑。雕塑家辛勤工作了八年，製作了多達 14 種造型，最後卻沒能永久矗立，因為 1937 年被拆除搬去了俄羅斯博物館。

1917 年二月，這裡發生了群眾示威並與員警衝突，這就是起義廣場的名字由來。

1965 年蘇聯政府決定在每個城市都建立方尖碑，以紀念在戰爭中戰鬥過的人們。聖彼德堡的方尖碑就在這個廣場。它成為亞歷山大柱所在宮殿廣場的姐妹廣場。

Санкт-Петербург
(Sankt-Peterburg)

第四章

俄羅斯的凡爾賽彼得夏宮

　　聖彼德堡城裡城外浸淫著俄羅斯帝國的「皇家瑞氣」，其郊外還有兩座金碧輝煌的皇家宮殿，分別記載著彼得一世和凱薩琳二世兩位大帝的黃金歲月，那就是彼得夏宮和凱薩琳宮。

　　彼得夏宮座落在聖彼德堡西南約 30 公里的芬蘭灣邊，又稱彼得霍夫（Peterhof）或彼得羅夫斯（Petrodvorets）。這兩個名字都是指皇家屬地，不是城鎮的名字。

　　凱薩琳宮早在 1710 年也是塊皇家領地，當時叫 Tsarskoye Selo，沙皇村的意思。1808 年擴大成了一個城鎮，十月革命後改名 Detskoye Selo，兒童村的意思。1937 年又改名普希金村，以紀念普希金逝世 100 周年，一直沿用至今。所以普希金村是個地名，也可指那個宮殿群，它包括凱薩琳宮和亞歷山大宮。

　　普希金村的東南四公里有個巴甫洛夫斯克鎮，鎮裡有個巴甫洛夫斯克宮。這兩個鎮都屬於大聖彼德堡的普希金斯克區（Pushkinsky District）。

　　這些名字所代表的宮殿、領地、城鎮等等，常常會把人搞糊塗。

　　彼得夏宮和凱薩琳宮的精彩不亞於冬宮，值得細看。它們分別需要大半天時間，不應該合為一天匆匆來去。

　　去彼得夏宮有火車、公車、地鐵加小巴、水翼船（Metro Hydrofoil）四種交通工具。其中火車太慢且需換車，公車過於擁擠，最合適的是地鐵與水翼船。我去時用地鐵加小巴，回程坐水翼船。

　　我從聖彼德堡出發，先坐地鐵 1 號紅線到 Avovo 站下車，站外換乘小汽車專線 300 或 424 去彼得霍夫，它們其實是一種定點計程車。告訴司機去彼得夏宮（Peterhof），到達後下車就是夏宮的上花園（Upper Garden）。

▲圖 4-1 彼得夏宮的上花園。

◇ 彼得夏宮上花園

　　叫它上花園，是因為它的地勢高，高過彼得夏宮大皇宮前面的下花園。它的面積約 300 米 × 600 米。

　　上花園沒有圍牆，可自由進出。在園中的細砂石小路向北走，前方就是大皇宮。沿途四周大樹環繞，路旁草地矮叢點綴。中軸線上均勻分佈著三個噴泉水池，其中最大的就是有名的海王星噴泉（Neptune Fountain）。

◇ 海王星噴泉

海王星噴泉位於上花園正中。最早的設計是海王星戰車群雕，來自大名鼎鼎的義大利建築師拉斯特雷利。到了 1799 年保羅一世登基，新沙皇想起當年作為王儲在歐洲旅行時鍾愛並買下的一套紐倫堡海王星群雕噴泉，便決定重新安裝他的所愛，那是一組 17 世紀的作品。

新的海王星噴泉雕塑聳立於 1799 年夏。海王星站在一個高臺上，頭戴皇冠，右手持戟，三叉朝下，左手叉腰。高臺下南北各有一個稱為 Nymphs 的女神坐在象徵兩條流經紐倫堡河流的桶上。她們身旁圍繞著兩個騎馬的勇士和四個騎著海豚或海怪的小愛神丘比特。人物造型生動活潑，栩栩如生。

Nymphs 女神在希臘和拉丁神話中，是一種未成年的自然神，活潑生動，善歌善舞，年輕美麗，和藹可親。她們使得整個雕像群充滿陽剛英武，又洋溢著溫柔博愛，是個難得的雕塑佳作。

上花園的盡頭就是彼得夏宮的南門進口，側面一排低矮的臨時建築是購票處。

▲圖 4-2 海王星噴泉位於上花園正中心。

◈ 彼得大帝建夏宮

彼得夏宮與凱薩琳宮相比較，如果說後者的精華在宮內，那麼前者的精彩則是在室外。一方面彼得夏宮的大皇宮比較小，另一方面它只開放有限時間和有限房間，再一方面就是它的廳殿特色不夠突出。但彼得夏宮的室外景觀就大為不同了。作為整體，彼得夏宮的建築成就非常突出，通常被稱作俄羅斯的凡爾賽宮。

彼得大帝當年決意發展海軍和海運，卻苦於聖彼德堡海域水深不夠。北方戰爭期間他來到這裡，看中了它作為登陸點的潛質。1714 年，大帝在此建造蒙普賴爾（Monplaisir）宮，俄語裡是「我的榮幸」（My Pleasure）的意思。這是彼得夏宮最早的官邸，位於最北的海岸邊。後來宮殿和花園進一步向南擴展，並以凡爾賽宮為榜樣，請來了法國建築師，蓋起了大皇宮，最終成就了彼得夏宮。

以後歷代沙皇有過不斷的改建與擴展，以致于如今的夏宮面目全非。尤其是其最大亮點的噴泉群，聞名遐邇的大瀑布（The Grand Cascade）和參孫噴泉，當年還都不在目前的位置，大皇宮位於中央的突出地位，也是逐漸提升的結果。

◈ 大皇宮

大皇宮建於上下花園之間，看上去十分壯觀，實際上建築相當狹窄，房間總共才 30 多個。宮殿內值得一提的有卡斯瑪廳（Chesma Hall）和東、西中國閣（The East and West Chinese Cabinets）。前者裝飾著紀念卡斯瑪戰役的十二幅巨大的油畫，那是 18 世紀中俄羅斯－土耳其戰爭中的一場了不起的海戰，俄

羅斯勝。中國閣則展示著東方進口的藝術裝飾品,包括中國山水畫和漆器。

　　大皇宮面對的下花園是按 17 世紀法國的正式花園風格設計的,其特點是樹木繁茂,甚至長過了頭,不得不進行多次修剪。下花園的看點,就是從芬蘭灣口橫穿直至大皇宮前的海運河(Marine Canal),它的盡頭處就是大瀑布和參孫噴泉。

▲圖4-3 彼得夏宮的主建築大皇宮。

▲圖4-4 彼得夏宮最著名的是其大瀑布噴泉。

◇ 大瀑布噴泉和參孫噴泉

　　大瀑布噴泉位於大皇宮前的臺階兩邊，大小噴口共 64 個，並配有 200 多個雕像、浮雕等。大瀑布下方站立著著名建築師拉斯特雷利的傑作參孫雕像，展示的是英雄參孫與獅子摔跤，正擰掉獅子下巴的瞬間，其英姿勃發，虎虎生風。

　　參孫含「太陽之人」（Man of the Sun）之意，是希伯來聖經中的英雄人物。他力大無比，常有諸如赤手空拳殺死獅子的超

人壯舉。這裡的獅子具有雙重象徵意義，因為北方戰爭俄羅斯戰勝瑞典剛好發生在聖參孫日（Saint Samson Day），而獅子正是瑞典軍隊紋章的象徵。

在彼得大帝最初的計畫中，噴泉群是一個不可能的任務，因為噴泉高達 20 米，需要隱蔽而堅固的管道，並產生強大的水流，且不能使用水泵。那是真正的挑戰，最後採用天然泉水並利用海拔差異產生巨大壓力取得了成功，是一項偉大的技術成就。

那天上午我正在下花園倘佯，突然四周音樂響起，遠處傳來隆隆之聲，正是 11 點！我知道時間到了，噴泉即將開啟！我大步往回趕，來到大皇宮時，噴泉已經開始出水，音樂激蕩聲中水柱越來越高，人們紛紛圍攏過來，大瀑布噴泉時刻正式登場！

那一時刻，巍巍大皇宮前瀑布水簾拾級而下，帶著白紗帳般的輕柔飄逸，猶如一幅仙境裡的油畫；兩旁 64 個噴泉對稱環繞一起噴放，此起彼伏上上下下，滿滿的活力與想像；前臺的幾十個鍍金雕像造型各異精彩紛呈，水珠水汽在陽光照耀之下，金光燦燦一片輝煌。最令人驚豔的一幕，是那前方一柱擎天直沖雲霄的參孫噴泉，太陽之人的信心與力量永遠向上，向著太陽。

噴泉表演持續大約 20 分鐘。彼得夏宮這一幕，宮殿、瀑布、噴泉三者如此緊密地結合在一起，在世界皇家宮殿和皇家園林中，幾乎絕無僅有，最為難得一見，是遊客最為珍貴的體驗。

▲圖4-5 大瀑布噴泉中最醒目的參孫噴泉一柱擎天。

◇ 蒙普賴爾宮

　　除了大皇宮和大瀑布噴泉，彼得夏宮中還有其他的精彩景點，第一個就是蒙普賴爾宮，它在東北角的芬蘭灣畔。

　　蒙普賴爾宮精緻內斂，是彼得大帝最早建成和喜愛的去處。他尋求過建築師的幫助，但最後的定稿卻是大帝自己設計的。它只有一層樓，符合大帝的簡約消費風格。

　　蒙普賴爾宮屬於荷蘭殖民式豪宅。窗戶狹而長，兼顧擋風與採光。內部房間幾乎全是完全鑲嵌的橡木，裝飾有明顯的俄羅斯風。收藏室主要是 17 世紀的藝術品，大部分來自大帝自己的收藏。有一個宴會廳，也是主要的接待室，採用了世界各大洲如非洲、美洲和亞洲的「格子板」，非常別致。

　　1723 年完工後，它是大帝最喜歡的休養地。他在這裡招待客人，但只招待最親密的朋友和顧問。

　　彼得大帝喜歡蒙普賴爾宮所展現的既宏偉又舒適的辦公兼家居混合環境。窗外的左側是芬蘭灣的大島克朗施塔特（Kronshtadt），另一邊則是聖彼德堡。他喜歡在這裡面對大海做他雄心萬丈的海事研究，妻子凱薩琳一世則喜歡在美麗的荷蘭儲藏室裡親自動手做飯招待客人。

　　凱薩琳大帝與彼得三世婚姻的最後幾年中，也曾在蒙普賴爾宮居住。

▼圖 4-6 蒙普賴爾宮是彼得大帝最早建成和最喜愛的修養地。

▲圖 4-7 彼得大帝與最親密同伴的私人休閒餐廳。

◇ 休閒餐屋

彼得夏宮西北角有一座小樓，真名叫 Peterhof Hermitage，其中「Hermitage」有「隱士之屋」的意思（聖彼德堡的冬宮也是這個詞）。彼得大帝設想在這裡與親密同伴在一起休閒和用餐。它始建於 1721 年，但完工時大帝已經去世了。

這座雙層餐廳的最大特點是私密性。上層有十四座的小餐桌，下層是廚房，兩層之間連接用一雙座升降椅。客人上下樓和提供食物都是通過這個升降椅。這樣做是避免客人受到僕人

的干擾，保證客人的全部隱私。

現在升降椅已經被後建的樓梯取代，原因是 1797 年發生了一次電纜斷裂，有人被困在了半空之中。

二樓牆上掛著幾幅畫。在伊莉莎白時代，彼得的私人收藏品也曾裝飾在牆上，但是大部分在 1808 年大火中被焚。一年後改建，1925 年進一步改造，最後所掛的繪畫多選自冬宮的 17 和 18 世紀法國、荷蘭、德國的藝術家作品，很多是風景畫和戰鬥場景，那是彼得大帝的所愛。

在這個偏遠的小樓之上，也有多個管理人員站立著值班，注視著訪客的一舉一動。她們不會英語，所以並非為講解而來。

在休閒餐廳西邊還有一個精緻的小樓，那是瑪麗宮（Marly Palace）。它規模比休閒餐廳稍大，外觀也靚麗，屬於巴洛克風格。這也是彼得大帝下令所建，靈感來自巴黎郊外的皇家狩獵小屋，路易十四曾將它作為凡爾賽宮的一種小型、隱私、寧靜的替代品。彼得大帝借鑒了這個想法，將瑪麗宮建成了他的私人小天地。

◇　高速水翼船

那天下午我沿著海灣通道去芬蘭灣的碼頭，準備坐高速水翼船直接返回聖彼德堡。海灣通道十多米寬，500 多米長，沿途綠草茵茵，綠地背後排滿簡易噴泉，兩座直橋跨越水道連接東西。

水翼船從五月至九月運行於聖彼德堡和彼得夏宮之間，直線距離 20 公里以上，兩頭的碼頭緊靠冬宮和彼得夏宮，方便至極，值得推薦。航班早 9 點 30 至晚 7 點每隔 20 至 30 分鐘，單

▲圖 4-8 彼得夏宮下花園的人工
通道從大皇宮一直連到芬蘭灣。

▶圖 4-9 來往於彼得夏
宮和聖彼德堡之間的高
速水翼船。

程 30 分鐘可達。船票單程 500 盧布，來回 800，算是稍貴，但
是體驗也是超棒的。

Санкт-Петербург
(Sankt-Peterburg)

第五章

金碧輝煌凱薩琳宮

從聖彼德堡去凱薩琳宮，也有火車和地鐵兩種方案。火車車少且需再換計程車，並不方便。地鐵是在 2 號藍線 Moskovskaya 站下來後，換乘定點小汽車 286、299、342 或 K545，直接去普希金村即可。

巴甫洛夫斯克宮和凱薩琳宮之間有定點小車（Shuttle）來往，班次較多，十分方便。

◇ 巴甫洛夫斯克宮

我那天一早出發，目標是凱薩琳宮和巴甫洛夫斯克宮。二者「同向同路」，我決定先去遠一點的巴甫洛夫斯克宮，餘下的時間全部留給重點凱薩琳宮。

去巴甫洛夫斯克宮的交通比想像中複雜。汽車停靠站沒有標牌，離目的地也遠。司機告訴我下車後走幾百米，穿過一個公園就是，實際上拐來拐去不好找。

巴甫洛夫斯克宮所在的這片土地，是凱薩琳大帝在 1777 年為其子保羅一世的第一個兒子、未來的亞歷山大一世慶生而贈。大帝買下了凱薩琳宮四公里遠處的這塊地，蓋起了荷蘭風格的二層小木屋，外加一個小花園。保羅一世和他夫人在那裡度過了好幾個夏天。18 世紀下半葉，他們在那個英國風格的園林裡地加入了喜愛的中國元素：一個中國亭子、一個中國橋樑、一個中國古寺廟。

1780 年凱薩琳大帝用她的「御用」建築師開始設計巴甫洛夫斯克宮。1781 年開始建造時，保羅夫婦恰好去奧地利、義大利、法國、德國作隱名旅行，看到了凡爾賽和尚蒂伊（Chantilly）等宮殿，對於自己未來的巴甫洛夫斯克宮產生了更多的想法和

▲圖 5-1 巴甫洛夫斯克宮是凱薩琳大帝為兒子保羅一世而建。

期待，開始與設計師產生分歧。1782 年回來後，將買來的藝術
品大量充填巴甫洛夫斯克宮，並與設計師關係日益緊張，最後
設計師不得不離開。

　　凱薩琳大帝去世後，保羅一世將巴甫洛夫斯克宮定為皇室
正式宮殿，並擴建兩翼又加了教堂。五年後他遭到謀殺，遺孀
將它變成了丈夫的紀念館。

　　1803 年煙囪問題引起火災，摧毀了宮殿內部。重建的重擔
落在了原設計師的年輕助理建築師身上，他就是大名鼎鼎的天
才卡羅 · 羅西，其作品還包括：俄國博物館、國家公共圖書館、
普希金劇院、冬宮、帝國總參謀部大樓。卡羅 · 羅西也是最後
一位在巴甫洛夫斯克宮工作的偉大建築師。

▲圖 5-2 巴甫洛夫斯克宮前方的保羅一世雕像。

宮殿女主人在 1828 年故去，把房子留給了小兒子（亞歷山大一世）。小兒子去世又傳給了尼古拉斯一世。幾經傳承，後人都尊重了原主人的遺願，房子一直是家庭博物館的形式。

　　十月革命後，皇家後人將房子委託給了聖彼德堡藝術學院和應用藝術博物館的館長。館長成功說服了當局，將巴甫洛夫斯克宮保存為博物館，沒有移作他用。他還成功抵制了一些革命軍人以及各種革命委員會對宮內物件、傢俱、圖書等的要求。當他終於成功挽救了這座宮殿後，便和家人去了芬蘭，最後定居巴黎。這是一個感人的故事。

　　納粹德國對蘇聯突然襲擊的當天上午，博物館火速開始了轉移和搶救行動。僅僅 96 個小時之內，裝滿珍品的 34 個箱子用馬車成功帶走。館員秉燭夜戰，在空襲的危險情況下也堅持工作。到八月份時，已有一萬三千件物品加上所有文檔均成功轉移。最後一批箱子於 8 月 20 日被存放在聖彼德堡的聖以撒大教堂地下室。

　　8 月 28 日，德國軍隊推進到巴甫洛夫斯克 50 公里之內。8 月 30 日，德軍包圍聖彼德堡。宮殿和公園受到轟炸。蘇軍一個師的總部就在宮殿的一翼堅守，博物館開始埋葬過重而無法轉移的雕像。埋藏地點均深達三米，因為計算並預測德軍的轟炸和挖掘不會超過 1.8 米。事後證明他們是正確的。九月六日最後一批蘇軍士兵撤離，德軍接管巴甫洛夫斯克宮長達兩年半，卻始終沒有發現地下室磚牆後面隱藏的珍貴古董。

　　巴甫洛夫斯克被解放時，宮殿已燃燒了三天，主樓只剩下一個空殼，屋頂與地板以及北牆均已消失，鑲木地板被用作了柴火，園中十萬多棵樹有百分之七十被伐砍，橋樑與亭子也都不見了。

　　甚至在戰爭完全結束之前，蘇聯政府就在聖彼德堡召開了建築師會議，決定立即重建宮殿。修復工作堅持忠實於原作。宮殿在被燒毀 13 年後的 1957 年，終於恢復並開放了七個房間，1958 年又是四間，1960 年 11 間。到了 1977 年宮殿始建二百周年的紀念日時，所有五十個房間完整開放，恢復了當年保羅一世時代的風貌。

◇　凱薩琳宮

　　凱薩琳宮是我那天遊覽的重頭戲。它的歷史涉及兩個凱薩琳和一個伊莉莎白，三人都是女皇。

▶圖 5-3 凱薩琳宮前方的凱薩琳公園。

首先是凱薩琳一世，聘請德國建築師於 1717 年建立了避暑夏宮。其次是她的女兒伊莉莎白女皇，她覺得宮殿已經過時，便於 1752 拆除舊宮並費時四年建起新宮，請的是義大利洛可哥大師拉斯特雷利，那位非同小可的傳奇大師。

　　最後輪到凱薩琳大帝登基。雖然她尊重伊莉莎白女皇的遺願將宮殿周圍的公園雕像都用黃金覆蓋，但當她得知開支巨大後，決定暫停，並譴責了前任的鋪張浪費。

　　大帝喜愛的不是巴洛克或洛可哥，而是新古典主義。她雇傭的是蘇格蘭建築師，翻新時尚的室內裝飾，構建女皇的私人公寓，建起了希臘復興結構的客人房，並在毗鄰的凱薩琳公園豎起了方尖碑和大理石橋樑。

　　凱薩琳大帝去世後，皇室的偏愛轉向了巴甫洛夫斯克宮。再後來的君主喜歡住在近旁的亞歷山大宮，而凱薩琳宮成了紀念伊莉莎白女皇和凱薩琳大帝的紀念館。紀念前者的財富，紀念後者的輝煌。1820 年一場大火燒毀了凱薩琳宮，亞歷山大一世在訂婚時，翻新了祖母當年的住宅。可惜二戰中德國人造成了巨大破壞，直到 2003 年聖彼德堡三百周年慶典時，才得以完成了大部分的重建。

　　和中國人講究宮廷大殿座北朝南不同，凱薩琳宮的正大門是朝東南的。前方是個規規整整的長方形「下花園」，西南是個有水有島有橋有草的大公園，叫凱薩琳公園。

　　凱薩琳公園猶如一把打開的扇面。從凱薩琳宮的最南角作為支點向下展開，每邊長達六、七百米。公園佈滿各種功能性、紀念性、娛樂性的設施和建築，十分生動精彩。例如湖中小島上的皇室成員（甚至包括隨員）聚餐地和音樂廳、毗鄰私人小花園的晚間音樂廳、漫步與探討哲學等的卡梅隆畫廊、俯視大

湖的花崗岩陽臺、紀念俄－土戰爭勝利的紀念碑、埋葬凱薩琳大帝三隻愛犬的金字塔、土耳其浴室，等等。僅此特點，就使得凱薩琳宮的設計與佈局在人性和自然的層面上超越了冬宮，且優於凡爾賽宮。

去普希金村的專程小汽車到達後在 Oranzhereinaya 街上停靠，下車後向南走過 Srednaya 街繼續向前，在 Sadovaya 街（也叫 Garden 街）右拐，凱薩琳宮就出現在眼前了。

▼圖 5-4 凱薩琳宮氣勢不凡。

▲圖 5-5 凱薩琳宮的正大門和前庭院。

　　進入凱薩琳宮後，行李寄存與檢票口在不同的方向，最好先去存放，免得在檢票口被拒後再次過來排隊。

　　凱薩琳宮對外開放的廳室比冬宮少，但精彩的也有十幾個房間。其中最值得細品的，一個是宏偉的主大廳（Great Hall），一個是珍稀的琥珀廳（Amber Room）。

◇　主大廳

　　主大廳是整個宮殿中最金碧輝煌的國家大廳，用於正式舞廳和宴會。它面積近千平方米，寬度橫跨前後，高度貫通兩層，所以兩邊都能看到窗外。東側面對凱薩琳公園，西側朝向宮殿廣場。

　　大廳的下層窗戶落地寬敞，牆上裝飾著鏡子和雕塑，雕塑是塗金的俄羅斯巴洛克風格。大廳的吊燈環繞四周，共有近 700 多盞。當百燭齊明，鏡光交映，燈火輝煌，金光閃閃，整個大

▶圖 5-6 主大廳是
整個宮殿中最金碧
輝煌的國家大廳。

◀圖 5-7 主大廳牆上裝
飾著鏡子和俄羅斯巴洛
克風格的雕塑。

廳呈現出一個無限空間的浪漫幻覺世界。

　　主大廳的天花板畫是值得觀賞的另一個亮點。設計師來自威尼斯，受宮殿主設計師拉斯特雷利特邀，來大廳創作了三個獨立的寓言作品，分別是俄羅斯寓言，和平寓言和勝利寓言。一百年後曾又加上了科學寓言，可惜後來在戰爭中被毀。

◈ 主樓梯

　　主樓梯（Main Staircase）位於宮殿中央，與宮殿齊高齊寬，兩邊都有三層窗戶照亮，氣勢弘大。18世紀50年代主設計師拉斯特雷利最早的設計是置於南端，遠離入口。凱薩琳大帝將之拆除，改修了桃花心木樓梯（Mahogany），19世紀重建時採用了仿洛可哥風格的大理石，製作了新雕塑，並配上了精美細緻的欄杆和花瓶。

　　樓梯牆上裝飾著中國和日本瓷器，樓梯天花板裝飾著維納斯的凱旋（Triumph of Venus）版畫。它們在戰爭期間屋頂倒塌時均被毀壞。戰後的恢復重建，使用了一部分來自冬宮的油畫作品。

◀圖5-8 別具一格的主樓梯裝飾。

▶圖 5-9 主樓
梯牆上的瓷器
裝飾。

◇ 接待大廳

　　接待大廳（The Antechambers/Reception Room）是當年公眾在沙皇露面之前恭候的地方，位於宮殿以前的主樓梯所在地。後來重建模樣大變，分成為幾個多功能的廳堂。

　　18 世紀後期，凱薩琳大帝下令改建整個南部宮殿，其中一個接待廳分出來變成了檯球室，放有當年流行的檯球遊戲桌。大帝喜歡在晚上和一、兩個球員來此消磨時光。

　　二戰期間包含著接待大廳的宮殿南翼受損嚴重，在灰燼中只留下一些木雕的碎片。1990 年後開始重建，現在已經恢復了昔日的輝煌。

▲圖 5-10 接待大廳是當年公眾恭候沙皇露面的地方。

▲圖 5-11 裝飾得時尚
前衛的騎士餐廳。

◇ 騎士餐廳

騎士餐廳（The Chevalier Dining Room）在主大廳外。它不很大，所以設計師巧妙地在牆上安放了鏡子以及含有鏡子的假窗，使之顯得寬敞明亮。廳內是典型的巴洛克風格，立體雕刻和鍍金花卉貝殼裝飾得時尚前衛。

19 世紀大廳裝修，雕刻鍍上了銀，故稱為「銀餐廳」，一直到戰爭爆發。戰爭結束後的修復中，大廳再次恢復了伊莉莎白女皇時代的金色裝飾。

騎士餐廳的餐桌上，展示著點菜（Order Services）用的一種小瓷器，上面帶著精心定做的俄羅斯騎士徽章的裝飾，十分珍貴。這是俄羅斯帝國節日宴會桌上最搶手的頂級紀念品，它表述的是歷史上那些名人如聖亞歷山大 · 涅夫斯基和聖弗拉基米爾等的點菜下單記錄。

18 世紀 80 年代，凱薩琳大帝將騎士餐廳改成了晚間小型聚會廳，偶爾也用作舞會廳。

▲圖5-12白色餐廳曾是女皇和閨蜜小圈子晚餐的地方。

◇ 白色餐廳

　　白色餐廳（The White State Dining Room）離主樓梯不遠，以前是個宴會廳，也是女皇和她的閨蜜小圈子晚餐的地方。

　　從伊莉莎白女皇時代開始，房間牆上曾鋪上白色的綾羅錦緞，與鍍金的雕刻相輝映，產生了一種優雅的氛圍，便有了白色餐廳之名。牆壁上還懸掛著宮廷畫家的大型靜物系列作品，天花板上則是繪畫「阿波羅的勝利」。

　　餐廳中央是一個橢圓餐桌，上面放著德國著名的陶瓷工廠製造的精美瓷器，也有俄羅斯自己當年陶瓷領域最高技術成就的結晶產品。

◇ 緋紅色和綠色壁柱客房

　　緋紅色和綠色壁柱客房（The Crimson and Green Pilaster Rooms）是主設計師使房間多樣化的一個實例。他採用了在當時是原汁原味的材料，用綠色或紅色金屬箔支撐的玻璃壁柱與牆上鑲有的白色錦緞對應，產生了有別於白與金的效果，房間的名字由此而來。

◀圖 5-13 壁柱客房是設計師刻意採用多種色彩的一種嘗試。

◇ 凱薩琳大帝更衣室

▼圖 5-14 凱薩琳大帝更衣室（Dressing Room）。

◇ 琥珀廳

　　琥珀廳號稱世界第八奇跡，是凱薩琳宮最絢麗奪目的瑰寶。整個房間裝飾著精美絕倫的琥珀鑲板，配以光色燦燦的金箔和鏡子，以難以想像的高難度琥珀工藝及雕塑技術，呈現給世界一個輝煌燦爛絕無僅有的藝術傑作。

　　琥珀廳原是德國的傑作。1701 年普魯士第一任國王的第二任妻子催促建造，計畫安置於國王的夏洛滕堡宮（Charlottenburg Palace）。設計來自一位德國的巴洛克大師，製作卻由丹麥的一位宮廷工匠和二位琥珀大師共同完成。

▲圖 5-15 世界第八奇跡琥珀廳是凱薩琳宮的鎮宮之寶。

琥珀廳完成之後，最終卻安裝在柏林城市宮殿中，但是時間不長。彼得大帝訪問普魯士看到琥珀廳時表示了欣賞與欽佩，於是在 1716 年俄羅斯與普魯士結成同盟共同反對瑞典時，普魯士國王弗雷德里克・威廉一世（Frederick William I）將它作為禮物贈給了彼得大帝。

整個琥珀廳的面板用 18 個大小包裝箱運到聖彼德堡。德國和俄羅斯工匠們共同努力，在第三個冬宮組裝了琥珀鑲板，並成為正式招待會的場所。那是 1743 年的事。

1755 年，伊莉莎白女皇決定在凱薩琳宮建造一個新的琥珀廳，並加大了房間面積。這是世界第八奇跡從第二故鄉俄羅斯的又一次重新開始。新的琥珀廳將琥珀鑲板對稱放置於牆壁中間，用精美的鏡子和壁柱將之分開，並用鍍金的木雕裝飾房間。擴大後的大廳裡琥珀板不夠，便巧妙地用逼真的油畫來過渡和銜接。

1763 年，凱薩琳大帝新制了八塊琥珀鑲板和八個壁柱底座，取代了過渡性油畫，整個大廳都有了琥珀鑲板。總共耗費的琥珀高達 450 公斤。

二戰納粹入侵的第一天，凱薩琳宮的珍品便已開始撤離。但琥珀面板過於脆弱無法拆除，只好原地隱藏，但德軍隨隊有專事藝術品的專家，琥珀板未能逃過劫難。戰爭後期德軍撤退，琥珀屋也消蹤匿跡，至今下落不明。

1979 年蘇聯決定重新製作琥珀面板。工作始於 1983 年，24 年後聖彼德堡建城 300 周年之際，修復的琥珀廳重新開張。

◇ 畫展廳

畫展廳（The Picture Hall）的裝飾非常獨特，採用了一種稱為掛毯式的密集佈置，尺寸大小不同的油畫作品，首尾相連得天衣無縫，覆蓋了整面牆壁。

18 世紀時，畫展廳用來外交接待、用餐、音樂會等。

這些繪畫作品，很多是 1745-1746 年間伊莉莎白女皇下令在布拉格和漢堡購買，大部分是 17 和 18 世紀的西歐油畫。題材包括建築、風景、靜物、場景、寓言、戰爭、神話、聖經等等。尤其值得一提的是兩幅法國人的畫，一幅是波爾塔瓦戰役（The Battle of Poltava），另一幅是萊斯納亞戰役（The Battle of Lesnaya）。它們是受彼得大帝委託而作，兩個戰役都發生在俄國打敗瑞典的北方戰爭中。大帝顯然是想要保留、紀念、炫耀大俄羅斯的萬年輝煌。這兩幅畫有明顯的藝術價值，但在畫展廳的主要目的，只是裝飾。

▲圖 5-16 畫展廳採用了掛毯式的密集佈置。

二戰中大廳被毀，但是撤離拯救行動保全了 130 幅中的 114 幅，相當成功。戰後從冬宮等其他博物館調來了失落的 16 幅，1967 年重新開放。

◇ 中國繪畫室

中國繪畫室全稱是亞歷山大一世的中國繪畫室（The Chinese Drawing Room of Alexander I），也叫 Corner Drawing Room，屬於皇家的私人用室。它以中國式水彩畫作為牆壁的絲綢襯裡，其他的裝飾風格與宮廷房廳的典型模式並無二致。

二戰後，丟失的中國絲綢用白色的錦緞代替，天花板上的繪畫也換了。現在疏散中倖存的畫卷和擺設已經恢復，尤其是 18 世紀彼得大帝和凱薩琳一世，安娜、伊莉莎白，以及彼得二世、凱薩琳大帝、亞歷山大一世等的華麗肖像，都非常珍貴精彩。

▲圖 5-17 亞歷山大一世的中國繪畫室。

◇ 綠色餐廳

綠色餐廳（The Green Dining Room）是凱薩琳大帝為兒子保羅一世及其第一任妻子所建。這個餐廳是凱薩琳宮北翼的私人公寓的開端。它的牆上裝飾圖案的底色是綠色。

▲圖 5-18 綠色餐廳。

▲圖 5-19 隱居草庵與凱薩琳宮遙遙相對。

◇ 隱居草庵

　　隱居草庵的官名是 Hermitage Pavilion，是一個公園涼亭式的精巧建築，巴洛克風格，建於 1744-1754 年間。它與凱薩琳宮遙遙相對，是當年為朝臣提供娛樂聚會的隱私場所。

　　這個建築的特點，一是內部採光極好，寬大的窗戶兼作陽臺大門，使得中央大廳充滿陽光；二是活動大廳中央的餐桌機械化設計，與下層的廚房用升降機構相連，客人點菜在盤子裡寫上菜肴名稱，空盤實盤同時上下傳遞。這種設計與彼得夏宮的休閒餐屋（也叫 Hermitage）十分相似，但是凱薩琳大帝的這個建築要大得多了。

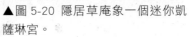
▲圖 5-20 隱居草庵象一個迷你凱薩琳宮。

▲圖 5-21 偶遇來自大陸安徽合肥古稀之年的朱姓夫婦。

▶圖 5-22 與來自家鄉的遠方來客合影留念。

▲圖 5-23 與凱薩琳宮緊鄰的亞歷山大宮。

◇ 亞歷山大宮

　　凱薩琳宮的遊客出口與進口是同一個大門。朝北回到 Sadovaya 街後再向西北方向走不遠就是 Dvortsovaya 街。順著這條街一直走下去，大約一里路的地方，就到亞歷山大宮了。

　　亞歷山大宮和亞歷山大公園都與凱薩琳宮緊鄰，同屬於最早皇室購買的那塊地。凱薩琳大帝於 1792-1796 年建造了這個宮殿與公園，在她最喜歡的孫子亞歷山大一世結婚之際贈送予他。

　　亞歷山大一世在他祖母及父親當政的剩餘年代，將宮殿用作避暑別墅。自己成為沙皇之後，他在相鄰的凱薩琳宮居住。

　　亞歷山大宮比凱薩琳宮小很多，亞歷山大公園卻比凱薩琳公園大一倍左右。宮殿建築是新古典主義式，其創新風格成就巨大，是威嚴與優雅的有機融匯，也是美觀與功能的完美結合。

　　亞歷山大一世後來將宮殿給了未來的尼古拉斯一世用作夏宮。尼古拉斯一世的家人喜歡在每年早春時節以及盛夏直至深秋，在此宮居住。他們的女兒就出生於此，生命中的最後幾個月也生活於此。1860 年，尼可拉斯一世的妻子、亞歷山大二世的母親也在亞歷山大宮去世。

　　亞歷山大三世在登基之前，長子尼古拉斯二世就是在亞歷山大宮出生的。尼古拉斯二世對亞歷山大宮情有獨鍾，尤其是發生在冬宮的血腥星期日事件之後，這裡變成了沙皇的永久居住地，它給了他們比冬宮更多的安全感。

　　二月革命之後，退位的尼古拉斯二世回到亞歷山大宮，但不再作為俄羅斯沙皇了，而是以羅曼諾夫上校的身份，在幾個房間裡被軟禁。直到當年的八月，一家人被火車帶走，再也沒有回來。

　　十月革命後這裡變成博物館。二戰中德軍佔領期間宮殿被用作指揮總部，館藏被部分銷毀。當德軍撤離時，昔日的宮殿多被點燃，亞歷山大宮卻倖免於難。戰後曾有計劃恢復亞歷山大宮內部，但是被否決，因為當局不願意提醒人們對最後一位沙皇的回憶和紀念。後來改建為普希金博物館，但計畫又擱置。最後宮殿交給了蘇聯海軍。正當此時，1996 年世界古蹟基金會（WMF）將之列入了世界古蹟觀察，緊急搶修了宮殿總體結構三分之一的建築。2014 年，俄羅斯政府終於撥出大批資金，開始了更加完整、全面的修復工作。

◀圖 5-24 亞歷山大宮中最隱私的起居和休閒小室。

Москва
(Moskva)

第六章

恢弘大氣首都莫斯科

　　莫斯科和聖彼德堡一樣，是俄羅斯的精銳寶地，何況它還是俄羅斯的首都，自然也是俄羅斯精華遊的重中之重。

　　人們喜歡將莫斯科和聖彼德堡作比較：哪個更精彩？哪個更有魅力？也有人認為二者都金碧輝煌繁榮發達，所以不相上下難分伯仲。

　　其實莫斯科與聖彼德堡是很不一樣的。莫斯科比聖彼德堡面積大得多（七倍），人口多得多（47 倍），歷史悠久得多（早556 年）。莫斯科也在歷史上比聖彼德堡遭受了更多災變和苦難。如果說聖彼德堡現代時尚，那莫斯科則是恢弘大氣。莫斯科代表著一個泱泱大國的端莊高雅與豪邁尊嚴，並因此獲得了不少榮耀的綽號，例如第三羅馬、英雄之城等等。

　　莫斯科一帶早在新石器時代便有古人類居住的證據。九世紀它附近的奧卡河（Oka River）便是伏爾加河（Volga River）流域貿易路線的一部分。11 世紀莫斯科河歸入俄羅斯的雛形基輔羅斯公國。12 世紀人們開始定居。有文字記載提到莫斯科的，是在 1147 年，那裡提到了莫斯科的創建人尤里・多爾戈魯基（Yuri Dolgoruky）。

　　1156 年，尤里・多爾戈魯基建起木柵欄和護城河來加強防衛，但在蒙古人入侵期間城市被燒毀。後來傳奇王子亞歷山大・涅夫斯基將莫斯科作為遺產給了他的小兒子丹尼爾，當時那是被認為最不值錢的一個地方。丹尼爾成年後在公國的權力爭鬥中取得成功，成為莫斯科的大公，並將莫斯科建成了一個繁榮的城市。正是在丹尼爾的統治時期，曾經強大得多的父母國弗拉基米爾公國也被他滅掉併吞了。

　　當時蒙古人不斷入侵，號稱「黃金部落」的可汗在滅掉基輔羅斯之後，通過稅收的方法，「委託」俄羅斯的大公（們）

來管治莫斯科大公國、立陶宛大公國、諾夫哥羅德大公國等廣袤的領土。蒙古人起初限制莫斯科的影響力，但當立陶宛開始強盛起來後，可汗又企圖強化莫斯科來削弱立陶宛，結果是莫斯科在大公德米特里 • 頓斯科伊（Dmitry Donskoy）率領下成為俄羅斯的最強，並於 1380 年打敗蒙古人，帶頭從蒙古人統治下解放出來。1480 年，伊凡大帝最終將整個俄羅斯和西伯利亞等地區獨立出來，莫斯科成為新帝國的首都。1500 年，莫斯科人口 10 萬，成為世界上最大的城市之一。

沙皇時代，莫斯科建起了三座圓形的城市防禦體系，但是 1547 年兩次大火燒毀了城鎮的大部分。1571 年克里米亞（Crimea）韃靼人奪取莫斯科，燒毀了克里姆林宮之外的幾乎所有，20 萬居民也只剩三萬人倖存。頑強的莫斯科人於 1584 年再建防禦牆，不久克里米亞韃靼人再次來襲，但是這次被新牆擋住。

莫斯科的人口在 17 世紀前期重回 20 萬，17 世紀後期進一步擴展到了莫斯科的城牆之外。1712 年彼得大帝將政府移到聖彼德堡，莫斯科失去了首都的地位。

1812 年拿破崙入侵時，莫斯科人撤離，著名的莫斯科大火主要由破壞活動引起，後來拿破崙大軍被迫撤退。十月革命後，列寧擔心可能的外國侵略，才把首都再次遷回莫斯科。衛國戰爭期間，蘇聯國防委員會和紅軍總參謀部就設在莫斯科，德國陸軍集團被阻擋在莫斯科郊區，最後被驅趕。戰後的重建，莫斯科引進了高層公寓，佔據了人口住宅的大部分，成為高層建築最多的城市。在二戰勝利的 20 周年，莫斯科被授予英雄城市稱號，成為俄羅斯的驕傲。

現在的莫斯科，是俄羅斯及東歐的主要政治、經濟、文化、科學中心。在世界最大城市、世界最貴城市、世界最大城市經

濟體等類別的排列中，它均名列前茅。它也是世界增長最快的
旅遊目的地之一。

　　我從聖彼德堡坐火車經雅羅斯拉夫爾去莫斯科，在莫斯科
逗留了五天四夜。

　　莫斯科參觀遊覽的重點有：紅場、克里姆林宮、列寧墓、
聖巴索大教堂、莫斯科大劇院，還有朱可夫塑像、古姆百貨大
廈（GUM）、喀山大教堂、亞歷山大花園、無名烈士墓（Tomb
of the Unknown Soldier）、國家歷史博物館（State Historical
Museum）、國家圖書館（Russian State Library）、普希金博物
館、特列季亞科夫畫廊、特維爾大街（Tverskaya Street）、阿爾
巴特步行街（Arbat Street），以及莫斯科近郊的新聖女修道院
（Novodevichy Convent）、新聖女公墓（Novodevichy Cemetery）
和莫斯科大學。

　　我的旅館在莫斯科北部。到達莫斯科的翌日一早，我便由
北向南，朝著市中心紅場出發了。

▲圖6-1 莫斯科地鐵站也是一大特色，裝飾得富麗堂皇。

▲圖 6-2 莫斯科大劇院有芭蕾也有歌劇。

◇ 莫斯科大劇院

　　我最先到達的是莫斯科大劇院，它在紅場以北僅一、兩個街區。大劇院是世界最頂尖的芭蕾舞團的家，藝術水準獨步世界。唯一能與它媲美的，是俄羅斯的另一個殿堂級別的聖彼德堡馬林斯基芭蕾舞劇院。

　　莫斯科大劇院不但有芭蕾，也有歌劇，二者都是世界上最古老、最著名的。大劇院的建築是莫斯科的地標，其新古典主義的外觀圖，就印刻在俄羅斯 100 盧布的紙鈔封面上。它內部的裝修不但恢復了原汁原味的皇家輝煌大氣，也十分注重加強聲學效應的高品質高品位。莫斯科大劇院是一個必看。

　　貴為俄羅斯帝國劇院的一部分，大劇院的劇團在 1776 年成

立之初實際是以公司的形式經營管理的，公司由一位英國企業
家和一位王子共同創辦。最初的表演多在私人住宅舉行，後來
收購了一個叫彼得羅夫卡（Petrovka）的劇院，才開始了戲劇與
歌劇表演，它後來逐步發展和演變成了莫斯科大劇院這樣的團
體。

◀圖 6-3 夜幕下
的 莫 斯 科 大 劇
院。

　　歷史上劇院遭受過火災和法國入侵，也被新阿爾巴特皇家
劇院（New Arbat Imperial Theatre）取代過。目前的大劇院建造於
1821 至 1824 年間，不到 20 年又進行了大規模的重建。而它真正
成為當代的莫斯科大劇院，則是 1919 年的事了。

　　二戰中一枚炸彈擊中了大劇院，但是很快得到修復。2001
年開始使用位於老舞臺左側的新舞臺。莫斯科大劇院不再是單
一的劇場建築，而是一個包含新老舞臺和彩排大廳，以及藝術
家娛樂場所的綜合體。

大劇院正門上方，前蹄躍起的四駕馬車雕塑，是尼古拉斯一世最喜歡的雕塑家彼得・卡洛維奇・克洛特（Pyotr Karlovich Klodt）的作品。馬車下方的浮雕處，蘇聯時代加上去的錘子鐮刀已經恢復成了原先俄羅斯徽章上的帝國雙頭鷹。

大劇院的大舞臺，也是當年蘇聯正式建立時，發佈官方宣言的地方。許多著名劇目包括柴可夫斯基作品的歷史性首映式，以及莫斯科大樂團的第一場交響音樂會，都在這裡舉行。

在我離開莫斯科的最後一個晚上，我進到了大劇院內部觀看芭蕾演出，實實在在體驗了一把俄羅斯最為驕傲和自豪的國寶芭蕾舞。由於名氣太大、一票難求，我不得不在確定俄羅斯行程之後的第一時間，早早地就在網上預定了演出票。

▼圖 6-4 莫斯科大劇院新舞臺內景。

◇ 朱可夫塑像

　　莫斯科大劇院朝南走過一個街區，在進入紅場之前的馬涅格廣場（Manege Square）上，遠遠就能看到高聳的朱可夫大型青銅雕像。銅像南面就是紅場北端的國家歷史博物館。

　　朱可夫是二戰中最負盛名的蘇軍將領，參加了幾乎所有重要的戰役，立下了赫赫戰功。朱可夫是蘇聯人民心中的大英雄，以至於德國的無條件投降儀式是他主持的，蘇聯紅軍在勝利後的莫斯科紅場大閱兵也是他擔任的首長。

　　西方對朱可夫也評價極高，稱他為「那個擊敗希特勒的人」、「統帥中的統帥」。希特勒也曾說，假如他有一名像朱可夫這樣的將領，他早就統治世界了。

　　甚至有史家和學者聲稱，史達林和後來的赫魯雪夫事實上都嫉妒朱可夫。1945 年那個紅場勝利大閱兵，朱可夫騎馬通過廣場並接受敬禮時，人們都圍繞在朱可夫身邊，並向他雀躍歡呼扔花束，而「忽略」了史達林，這成了迫使朱可夫下臺的導火索。

　　朱可夫名譽的徹底恢復是在蘇聯解體之後。1995 年五月俄羅斯紀念世界反法西斯戰爭勝利 50 周年之際，這座英武瀟灑的雕塑得以矗立，成為俄羅斯對他的永久懷念。

▲圖 6-5 朱可夫青銅雕像就在紅場邊。

▲圖6-6 晨曦中的莫斯科紅場靜謐肅穆。

◇ 紅場

紅場是莫斯科的中心廣場，長 330 米，寬 70 米，呈西北 - 東南走向，位於克里姆林宮東牆外。

紅場的名字實際上與周圍的紅色磚牆無關，廣場周圍的城牆在歷史上曾經刷過白色。紅場也與共產主義的政治色彩無關，它來自一個俄語單詞 Krasnaya，意思是「紅色」和「美麗」。這個詞指的是最早這裡的一塊區域，就在聖巴索大教堂北面。這塊小地，是紅場最早的發源地。

建立這個廣場的初衷，是將之開闢成莫斯科的主要市場。為騰出地方，必須燒掉幾座建築，所以這個廣場曾被稱為 Pozhar，即「被燒毀的地方」。另一種說法是，韃靼人入侵期間它也曾被大火燒毀。

紅場當年是外地來莫斯科的貿易中心，莫斯科通向主要城市的公路也從這裡起源。紅場也是個神聖的地方。沙皇的公告在這裡宣佈；偶爾沙皇也在這裡加冕；節日和遊行在這裡舉辦；宗教的儀式在這裡進行，例如著名的「驢子遊行」（Procession on a Donkey），是在東正教的棕櫚星期日（Palm Sunday），沙皇和民眾會簇擁著騎在一頭毛驢之上的教長，從克里姆林宮緩緩來到紅場，最後行進到聖巴索大教堂。

棕櫚星期日是復活節前的那個星期天，紀念的是耶穌凱旋進入耶路撒冷的歷史事件，《新約聖經》的四個福音書都有記載。

曾有稱過去處決犯人也在紅場，其實不是。那是在聖巴索

大教堂的背後，紅場邊外的地方。

紅場的規模在歷史上經歷過多方面演變。由於缺乏天然屏障，紅場曾是克里姆林宮最不堪一擊的軟肋。為便於防守，除了加高宮牆外，也需拆除建築加大空曠地，形成一個「射擊區」。1508 年還加修了護城河，但拿破崙入侵後的重建中被填平，種上了樹。

凱薩琳大帝對廣場也進行過改造。商業建築用石制代替了木制；1804 年廣場鋪設了石頭地；1888 年開始有了大型建築，莫斯科第一家百貨商店問世；1892 年廣場有了電燈；1909 年廣場出現了電車。

從蘇聯時代起，紅場成為新國家的焦點。它是政府所在地，也是軍事的展示台。兩次最重要的軍事遊行曾在紅場進行：1941 年 11 月 7 日德軍圍困下的莫斯科，在這裡檢閱並送走了直接奔赴前線的部隊。不到五年之後的 1945 年 6 月 24 日，蘇聯紅軍在這裡舉行了盛大的二戰勝利大閱兵。

近年來，非政治非宗教類的活動也在紅場出現。披頭士的保羅・麥卡特尼（Paul McCartney）在紅場舉辦過歷史性的演唱會；新年慶祝時紅場成了臨時溜冰場；國際冰球協會在 2008 年也在此舉行了全明星賽。

歷史上紅場最大的演變，也許是它逐步引入的宏大名勝如：聖巴索大教堂、國家歷史博物館、GUM 百貨大廈、列寧陵墓、喀山大教堂。

1990 年，紅場和克里姆林宮一起，成為蘇聯第一個被列入聯合國教科文組織世界遺產名錄的遺址。

▲圖6-7 莫斯科紅場的建築氣勢不凡。

▲圖6-8 聖巴索大教堂氣勢宏大色彩斑斕。

◇ 聖巴索大教堂

聖巴索大教堂氣勢宏大色彩斑斕，具有極大的震撼力，是世界著名的地標性建築。它由沙皇伊凡四世即恐怖伊凡 (Ivan

the Terrible) 在 16 世紀中葉修建，為的是紀念戰勝喀山汗國。在 1600 年伊凡鐘樓落成之前，是莫斯科最高的建築。

大教堂的九個洋蔥頭圓頂錯落有致，如熊熊篝火沖向天空，這樣的造型在俄羅斯建築中絕無僅有。這種結構從第五世紀到 15 世紀的整個千年拜占庭傳統中，都沒有發現過先例。它出人意外的繁複變換、細節交映又和諧融合，是俄羅斯 17 世紀國家建築的最高成就。

伊凡四世最早蓋的是一個三一教堂（Trinity Church）。在俄羅斯－喀山戰爭中每奪得一次勝利，便會在教堂旁豎起一座木制教堂以資紀念。戰爭勝利結束後，周圍已有七個教堂。伊凡四世下令在同一地點修建了木制的「代禱教堂」（Intercession Church），一年後建起了全新的石制大教堂，即現在的聖巴索大教堂。建築師在完成傑作後，傳說被伊凡四世弄瞎了雙眼，為的是史上從此不再會造出第二個如此偉大的建築，「恐怖伊凡」也因此而出名。

教堂的造型太過神奇突出，找不出歷史上任何可以借鑒之物，設計靈感來自何處便成了一個謎。歐洲根源說首先被否定，因為專家指出它的拱形是拜占庭式的，即最終是亞洲式的。但也有人指出俄羅斯北方一種鄉土木制教堂的影響，認為是俄羅斯和拜占庭根源的混合體。

聖巴索大教堂的建造者中，有義大利建築師和工匠，也有君士坦丁堡垮臺後抵達的希臘難民，還有德國的能工巧匠。他們帶進的新奇風格，既含義大利文藝復興元素，又帶俄羅斯本土民族激情，最後造就了偉大的大教堂。聖彼德堡的救世主喋血教堂就是仿造它的結果。

整個大教堂的外觀不對稱。中央教堂比較大，故意從整體的幾何中心向西偏移，目的是給東側留出更大的後殿。但這種

精心計算的不對稱很微妙，從南北方向觀察會使大教堂呈現出繁複多變的多軸形狀，而面對西面克里姆林宮的景觀卻是完全對稱的。

大教堂經歷過燒毀和重建。最重要的一次在 1680 至 1683 年間，九個獨立的舊三一教堂整合成了一個整體。聖巴索大教堂的名字出現在 17 世紀，紀念在建築中死亡並葬於現場的東正教聖徒巴索。

大教堂正門前聳立著紅場唯一的一座雕塑：敏寧－波紮爾斯基紀念碑（Minin-Pozharsky monument）。1612 年德米特里‧波紮爾斯基（Dmitry Pozharsky）和庫茲馬‧敏寧（Kuzma Minin）親王，曾指揮諾夫哥羅德和其他城市的俄羅斯人迎戰波蘭佔領者，最終圍困克里姆林宮並驅逐了入侵者。1818 年建立了該碑紀念這一偉大功績。

1812 年拿破崙軍隊佔領莫斯科期間，竟將大教堂用作了馬廄，搶劫了裡面任何值錢的東西。

◇ 國家歷史博物館

國家歷史博物館在紅場北端與聖巴索大教堂遙遙相對，是又一標誌性建築。

1872 年，有一批致力於促進俄羅斯歷史和民族自我意識的斯拉夫人建立了此博物館。所在地點原是彼得大帝所建的巴洛克風大藥店（Principal Medicine Store），而新建的博物館則是新俄羅斯風格。建築通體朱紅，高大對稱，兩側高聳著塔樓並有尖塔和三角簷以及圓拱型窗戶裝飾，非常美麗。

博物館自 1883 年開館以來從未停止過開放，甚至在二戰莫

▲圖 6-9 紅場北端的國家歷史博物館。

斯科被圍期間也無例外。

　　博物館館藏極其豐富，48 個展廳四百多萬件展品，包括了史前部落的遺物直至羅曼諾夫王朝收藏的無價藝術品，甚至還有北京猿人頭骨的複製品。這是一個俄羅斯文化和藝術的寶庫，也是一個專門的學術研究機構。

　　博物館西側是莫斯科市政府大樓，也是朱紅色，中間有「伊比利亞門和教堂」（Iberian Gate and Chapel）。博物館東側則有「沃斯克裡森斯基大門」（Voskresensky Gates）。這兩個大門色彩與造型均與博物館相呼應，是從北邊進入紅場的步行通道。

◇ 古姆百貨大廈

紅場東面是聞名遐邇的古姆百貨大廈。

古姆百貨大廈建於 1893 年，屬於俄羅斯中世紀特色。它高三層，長 242 米，幾乎橫貫紅場南北。外牆裝飾華麗細節繁縟，巨型拱門配有尖頂塔樓，氣勢軒昂更象座皇家宮殿。內部採用了鋼鐵框架和玻璃頂棚，結構堅固而輕巧，頗有 19 世紀偉大的倫敦火車站之風。古姆百貨大廈是紅場上的又一道美豔的風景線。

大廈一層中間的噴水池，是莫斯科年輕人喜愛的約會場所。

▼圖6-10 聞名遐邇的古姆百貨大廈在紅場東側。

▲圖 6-11 列寧墓在克里
姆林宮東牆外。

◀圖 6-12 克里姆
林宮東牆外小徑
沿途有很多墓碑。

◇ 列寧墓

列寧墓在克里姆林宮東牆外，原是列寧 1924 年死後不久就開始公開展示遺體的地方。最早是木制的墳墓，由於參觀人數太多，半年後用更大的墓穴代替，並將屍體放入了石棺中。

對屍體的防腐處理一開始就有，但是直到 1929 年方能確定有可能將屍體保存更長久，於是進一步建造了這個大理石、斑岩、花崗岩及拉長石的嶄新陵墓。

早在列寧去世不久，莫斯科駐軍就為陵墓設立了榮譽哨兵（Guard of Honour），俄羅斯人稱之為「一號哨兵」（Number One Sentry）。1993 年俄羅斯憲法危機事件後被解散。1997 年，一號哨兵在克里姆林宮外的無名烈士墓前恢復。

僅在 1924 至 1972 年間，參觀列寧墓的人數就高達一千多萬。

史達林的防腐屍體也曾在列寧身旁存放，直到 1961 年赫魯雪夫去史達林化後被移除。

進入陵墓需要排隊，隊伍沿著克里姆林宮東牆向北延伸到亞歷山大公園處。宮牆下原先的護城河早已填滿，開闢出了數米寬的路面和草地。沿途有很多墓碑，有草地邊低矮的大理石碑，也有掛於宮牆的方形水泥板碑。待遇高的帶著二米多高的豎立雕像，包括移出列寧墓的史達林碑。可惜隊伍的移動很快，不允許停下腳步查看。

列寧墓主廳在地下，進入後不許停留，不許拍照。裡面燈光灰暗，四周士兵肅立。列寧的棺材有燈光打照，尚能看到臉部。感覺膚色明顯偏白，缺乏正常人的各種細節，卻與蠟制無異。當我環繞一圈走出地下墓室時，甚至懷疑看到的是真正的肉質人體。

無論如何，這個世界上「碩果僅存」的臘肉標本，還是值得一睹的。

◇ 喀山大教堂

　　古姆百貨大廈北面一街之隔，就是這座不太醒目的俄羅斯東正教堂。

　　喀山大教堂雖然不大，卻是莫斯科最重要的教堂之一，因為據說它曾為戰勝外敵立下大功。1612 年莫斯科從波蘭－立陶宛的佔領下得到解放，領軍的德米特里 · 波紮爾斯基親王將之歸因於曾多次祈禱過的喀山聖像（Theotokos of Kazan），他並為此而建造了這座教堂。起先是木制的，後被燒毀又用磚制教堂取代。17 世紀末教堂擴建，加蓋了鐘樓修改了入口。

　　史達林曾在 1936 年下令摧毀，為的是蘇聯閱兵式的方便。1990 年後教堂重建，成為第一個被共產黨摧毀後重建的教堂。

▶圖 6-13 喀山大教堂不大，卻是莫斯科最重要的教堂之一。

▲圖 6-14 克里姆林宮的
西面紅牆外的亞歷山大花
園。

▶圖 6-15 亞歷山大花園
上園的駿馬騰躍噴泉。

◇ 亞歷山大花園

　　克里姆林宮西牆外有一片長方形的花園地，那就是總長近
千米的亞歷山大花園。亞歷山大花園是莫斯科第一批城市花園，
由亞歷山大一世建於拿破崙戰爭勝利之後。

　　花園分為上園中園下園三部分，並與馬涅什地下商場及廣
場渾然融合，呈現出高低層次變換，曲徑趣味盎然。由於緊鄰
克里姆林宮，宮牆部分的塔樓便成為花園景象的有機組成，另
添別種情趣。而且這裡有草有水，有河有橋，有雕像有噴泉，
風景秀麗，環境舒適，是莫斯科最受歡迎的休閒遊玩場所之一。

◇ 無名烈士墓

▲圖 6-16 紅牆邊的無名烈士墓。

　　無名烈士墓屬於亞歷山大花園，在其北部入口處。它是一座二戰勝利紀念碑，奉獻給二戰期間莫斯科戰役中遇難的蘇聯士兵。

　　1941 年的莫斯科戰役，曾有無數蘇聯士兵遇難後，被埋葬在距離莫斯科 40 公里處的澤廖諾格勒（Zelenograd）市，那裡有一個安息了萬人的紀念碑。澤廖諾格勒市是當年德軍進攻最接近莫斯科的地方。蘇軍士兵頑強的抵抗，使得德軍再也無法推進一步。

　　1966 年 12 月，這些無名英雄的遺體被搬遷到克里姆林宮，

埋葬于紅牆邊的這座紀念碑陵墓之下。

深紅色斑岩碑緊貼大地，青銅雕塑的戰旗低垂，戰士頭盔旁放著桂冠分枝。前方燃燒的火焰來自列寧格勒火星場（Field of Mars），從開放之日起就一直沒有熄滅過，永恆永遠地照亮著近旁銅牌上的銘文：你的名字未知，你的功績不朽。

紀念碑靠近入口處的大理石矮牆上刻著鍍金大字：1941-1945 獻給為祖國犧牲的人們。紀念碑右側鋪設的斑岩上刻滿了那些英雄城市的名字，包括列寧格勒、基輔、史達林格勒、明斯克等等。2010 年新建的方尖碑上，列出了 40 個軍事榮耀城市。

1997 年 12 月 8 日，聯邦通過恢復一號哨兵守衛無名烈士墓的法令，那是原先守衛列寧陵墓的哨兵。守衛交換儀式每小時一次。

▲圖 6-17 無名烈士墓的斑岩碑、青銅雕塑的戰旗和頭盔、桂冠分枝，以及永不熄滅的火焰。

◇ 國家圖書館

離紅場不遠有個國家圖書館，它在前蘇聯時期叫列寧圖書館。它的全名與聖彼德堡的那個略有不同。而且聖彼德堡的那個「老」，這個「大」。

該圖書館藏書量俄羅斯第一，世界第五。蘇聯解體之前的將近七十年間，凡國內出版的書都有收集，這個傳統至今仍在繼續。

圖書館門前是費奧多爾 · 陀思妥耶夫斯基的塑像。

▲圖 6-18 列寧圖書館已更名為俄羅斯國家圖書館。

◇ 普希金博物館

莫斯科的精彩景點並不僅限於克里姆林宮和紅場。在紅場的西面和南面約一裡地，普希金博物館是一個突出的名勝。

博物館的全稱是普希金國立美術館（The Pushkin State Museum of Fine Arts），是莫斯科最大的歐洲藝術博物館。其實它與普希金沒有直接聯繫，用他的名氣而已。

普希金博物館由莫斯科大學的一名教授發起。他意識到了莫斯科對美術館的急迫需要，依靠並說服了社會和私人的資金捐贈，在 1898 年舉行了隆重的奠基儀式。1912 年美術館建成開館。最初以亞歷山大三世的名字命名，1937 年紀念普希金逝世100 周年時改為現名。

普希金博物館的重要性僅次於聖彼德堡的艾爾米塔什博物館，其館藏十分豐富，從最初的古希臘到文藝復興時期著名建築的複製品、古希臘文物古蹟、美麗的古代花瓶和錢幣、義大利 18 世紀至 19 世紀的繪畫作品，直到近代和當代的梵谷、高更、畢卡索、杜夫雷諾、德朗和馬蒂斯等人的頂級作品。

◀圖 6-19 普希金國立美術館。

▲圖6-20 特列季亞科夫畫廊是俄羅斯美術的最重要收藏館。

◇ 特列季亞科夫畫廊

　　特列季亞科夫畫廊也在克里姆林宮以南，但距離不近，需要跨過莫斯科河。若乘地鐵 2 號或 6 號線到特列季亞科夫斯卡亞（Tretyakovskaya）站，下車小走可達。

　　這是一個俄羅斯美術的世界首選地和最重要的收藏館，由俄羅斯商人帕維爾・米哈伊洛維奇・特列季亞科夫（Pavel Mikhailovich Tretyakov）創建於 1856 年。 他的收藏始於 1850 年，很早就慧眼獨具志向遠大，要將之逐步建成國家級的藝術博物館。1892 年，他將自己幾十年的藏品贈送給莫斯科市，共約二千件。1893 年莫斯科特列季亞科夫畫廊正式開幕。1985 年，它在行政上與當代藝術畫廊合併，但不在同一個建築之內。

◇ 特維爾大街

特維爾大街是紅場向西北延伸的一條主要街道，曾稱高爾基街（Gorky Street）。它在 12 世紀就已存在，直通聖彼德堡，是沙皇進入克里姆林宮的必經之地。17 和 18 世紀，它是莫斯科社會活動中心。從凱薩琳大帝時代起，沿街興起建豪宅熱潮，貴族們蜂擁而至。

在多個世紀的演變中，街上豎起了雕塑，蓋起了教堂，莊園和宮殿讓位於宏偉的商業建築，甚至改造成藝術舞臺和展廳。建築的各種歷史風格混雜融匯，造就了特維爾大街的絢麗斑斕和多姿多彩。在蘇聯時代，幾座現代化高樓傑作也加了進來，夜生活和娛樂中心在這裡成形，最終成為莫斯科甚至俄羅斯最昂貴的商業街，租賃費用高居全球第三。

如果有時間，可以在這裡倘佯端詳，體驗時代穿越的奇妙。

◇ 阿爾巴特步行街

阿爾巴特步行街是又一條著名大街，從紅場向西南延伸大約一公里。

阿爾巴特也是莫斯科現存的最古老街道之一，至少 15 世紀以來就已存在。它原屬於一條重要的貿易路線，18 世紀後是最負盛名的貴族生活區。拿破崙佔領期間的大火徹底將之摧毀。街道重建後在 19 世紀和 20 世紀初成為小貴族、藝術家、學者們的青睞之地，蘇聯時期的政府高級官員也紛紛安置於此。到了當代，街道及周邊地區高檔化，加上眾多歷史建築的存在，阿爾巴特成了旅遊景點。

▲圖 6-21 新聖女修道院的壁畫是俄羅斯最好的。

◇ 新聖女修道院

新聖女修道院位於莫斯科西南郊外，地鐵 1 號線到 Sportivnaya 站可達。它可能是莫斯科最著名的修道院了，17 世紀以來一直保存完好，2004 年成為世界遺產。

修道院建於 1524 年，由莫斯科大公瓦西里三世（Vasily Ivanovich）創立，以紀念 1514 年對斯摩棱斯克的征服。其中最老的斯摩棱斯基大教堂（Smolensky Cathedral）有六柱五圓頂，頗象克里姆林宮裡的天使報喜大教堂。這個大教堂裡的壁畫，屬於俄羅斯最好的。

院裡的一座鐘樓高達六層 72 米，是 18 世紀時僅次於伊凡大鐘樓的莫斯科最高。

1812 年，拿破崙軍隊曾企圖炸毀修道院，但修女們設法挽救了它。托爾斯泰《戰爭與和平》三個主人公之一的彼埃爾・別祖霍夫（Pierre Bezukhov）的處決地點，就在修道院的圍牆下。另一部小說《安娜・卡列尼娜》主角之一康斯坦丁・列文（Konstantin Lyovin），也是在修道院圍牆附近溜冰時，邂逅了他未來的妻子。這些情節的構思並非偶然，托爾斯泰當年曾在附近居住，也喜歡在這裡溜冰，而這裡的溜冰場是 19 世紀莫斯科最受歡迎的一個。

修道院在蘇聯期間曾被關閉，現在部分建築屬於國家歷史博物館，同時也恢復了禮拜活動。

◇ 新聖女公墓

新聖女公墓在修道院南牆外，它的名氣甚至超越新聖女修
道院，是莫斯科第三大受歡迎的旅遊景點。其原因，是那裡埋
葬了非常多的著名人物，包括政治家、文學家、音樂家、科學家、
劇作家、詩人、演員，等等。在此地埋葬，地位僅次於克里姆
林宮的牆墓葬。更為重要的是，自從蘇聯解體以後，克里姆林
宮牆已經不再用於墓葬。

在蘇聯領導人中，只有赫魯雪夫沒有埋葬在紅場，而是埋
在了新聖女公墓。他的墓碑被設計成黑與白的對立，反映著對
他的矛盾評價。在這裡埋葬的還有：米哈伊爾・布林加科夫
（Mikhail Bulgakov）、安東・契訶夫（Anton Chekhov）、尼古拉・
果戈理、弗拉基米爾・馬雅可夫斯基（Vladimir Mayakovsky）、
謝爾蓋・普羅科菲耶夫（Sergei Prokofiev）、伯里斯・葉利欽
（Boris Yeltsin）。他們不僅有墓，還有紀念碑。

公墓最早設計並落成於 1898 年，墓地裡有小教堂和大型雕
塑，還有公園一般的氛圍。

▲圖6-22 新聖女公墓名氣甚至超越相鄰的新聖女修道院。

◀圖 6-23 赫魯雪夫是唯一沒有埋葬在紅場的蘇聯領導人。

▶圖 6-24 遠眺莫斯科大學主樓。

◇ 莫斯科大學

莫斯科大學的全名叫「莫斯科羅蒙諾索夫國立大學」（Lomonosov Moscow State University），與新聖女修道院及新聖女公墓處於同一條地鐵線上，向南相隔二站。它座落在距離市區五公里的麻雀山（Sparrow Hills）上，是世界上最享有盛譽的大學之一。它的教學大樓也是世界上最高的，中央塔高 36 層共240 米，在 1990 年之前，一直是歐洲最高的建築，也是除紐約外的世界最高建築。

莫斯科大學由米哈伊爾·瓦西里耶維奇·羅蒙諾索夫（Mikhail Lomonosov）創建於 1755 年。這位羅蒙諾索夫是個全方位、百科全書式的天才，身兼科學家、哲學家、語言學家和詩人等頭銜，人稱俄羅斯「科學上的彼得大帝」，是俄國科學院第一位俄籍院士，也是瑞典和義大利的科學院院士。

莫斯科大學規模宏大，在 2010 年前就有 39 個學院 15 個研究中心，四千多名學者，一萬五千多輔助人員。本科學生四萬多，高級學位七千多，外國學生二千多。圖書館藏書九百萬卷，讀者每年五萬以上。對入學要求也極其嚴格。

俄羅斯人對莫斯科大學充滿了自豪。那天我在地鐵 1 號線的 University 站下了車，在走出車廂時請教身旁一位姑娘出站後的方向，我還問了一句：莫斯科大學是俄羅斯的最棒吧？（The best in Russia）那姑娘頭也沒抬，說：「The best of the world！」（全世界最棒！）滿滿的自信與驕傲。

走出地鐵站不遠，街道對面的遠處便隱隱出現了一個龐然大物，赫然聳立在前方，那便是教學主樓威嚴的身影。那種巨大與恢弘的感覺，令人難忘。

◇ 旅館變動的意外驚險

▲圖6-25 莫斯科街頭酒鬼，就在大劇院對面的紅場背後。

莫斯科之行給我的印象非常深刻，因為有兩次來到莫斯科逗留，共五天四夜在市內外觀賞。莫斯科的名勝與景點雖然比聖彼德堡要集中因而顯得範圍有限，我卻一樣感到了目不暇接和流連難忘。在我終於要離開它的時候，想起在此經歷的一次意外驚險，分外感受到這個城市的恢弘大氣與熱情活力。

俄羅斯的火車票可以在網上預訂，確認後列印出來立即可用。但是去烏蘭巴托和北京是國外票不發放電子票。他們的做法是郵寄給遊客在莫斯科或聖彼德堡的旅館。

我在莫斯科的旅館是一個青年旅社。抵達莫斯科走出地鐵站問路時，幾乎沒人知道它所在街道的名字。最終問到兩位會英語的年輕人，他們東問問西瞧瞧，耐心地陪著我轉悠了半個多小時，居然在一條小街巷裡找到了。我想著他們也許會要小費，但他們沒有要。走下樓梯送別時一位朝我努努嘴說：這裡條件太差！

我登記入住時旅社前臺竟說「客滿」了，要換地址，我求之不得。在離開莫斯科的前一天，我猛然想起烏蘭巴托和北京

的車票還沒到手！一個電話打過去給原來的那個旅館，她們也說沒有收到！我一陣緊張，慌亂中一時翻不到車票代理商的電話及其名稱和地址。時間緊迫，旅館裡的當地人又幾乎無人真會英語，我急了。

忽然我想起入住那天見到過的那位俄羅斯姑娘來，她叫「卡嘉」（Katya），會英語，第一次見面小聊時她還給了我房間號。無奈中敲開她的房門，她聽說後二話沒說拿出電腦和電話，動用各種可能的線索，幫我上網尋找和通話聯繫，當晚花了一個半多小時，終於大海撈針般地找到並聯繫上了對方，在臨行前成功拿到車票。我高呼「烏拉！」，問她該如何謝她，她微笑著說：You need help, so I came to help。

都說苦寒之地的俄羅斯人孤僻冷傲，莫斯科的這一次有驚無險卻讓我有如沐浴春風。

▲圖 6-26 熱心幫我的莫斯科本地姑娘卡嘉。

Москва
(Moskva)

第七章

俄羅斯象徵克里姆林宮

▲圖 7-1 克里姆林宮是俄羅斯的象徵。

　　克里姆林宮是俄羅斯的權力中心，是俄羅斯和莫斯科的象徵，也是大陸中國人心中曾經的一個「聖地」。很多人覺得，去俄羅斯就是要看莫斯科，莫斯科就是要看紅場，紅場就是要看克里姆林宮。克里姆林宮現在是俄羅斯聯邦的總統官邸所在地。

　　就像白宮可以代指美國政府那樣，克里姆林宮也通常代指俄羅斯聯邦政府，而「克里姆林宮學」一詞也代表著對俄羅斯

▲圖 7-2 參觀克里姆林宮的主要入口是西邊的聖三一城樓。
◀圖 7-3 聖三一城樓入口處的站崗軍人。

政治的研究。

　　其實「克里姆林宮」一詞的原義是「城市裡的堡壘」，因為它是一座龐大而設防複雜的城堡建築。它整體呈基本等腰三角形，底邊南靠莫斯科河，西斜邊外是亞歷山大花園，東斜邊外是紅場，三邊總長 2.2 公里，面積 27 萬多平方米，圍牆高達五至 19 米，圍牆厚度為 3.5 至 6.5 米。

　　克里姆林宮的所在，是一個有悠久歷史的地方，西元前二世紀就有芬蘭人居住。到了 11 世紀，斯拉夫人來此佔領部分小高地，建起了堅固的柵欄，稱為莫斯科格柵（Grad of Moscow），13 世紀格柵被蒙古人摧毀後重建，

14 世紀進一步用白色石灰石城堡加固，克里姆林宮的說法開始出現。

這個克里姆林宮的雛形經受了蒙古大汗圍困的考驗，開始站住了腳跟，宮牆內的教堂與修道院的工作也開始恢復。15 世紀起，天使報喜大教堂和聖母升天大教堂先後建成。現在的克里姆林宮圍牆，也是 15 世紀建的。

伊凡大帝對克里姆林宮的重建發揮了重大作用。他邀請了義大利文藝復興時期的熟練建築師，設計建造了宮牆、塔樓、新宮殿、伊凡大鐘樓等宏偉建築，並在宮牆外修起了寬達 30 米的護城河。19 世紀拿破崙入侵和莫斯科大火發生後，護城河在重建中被填滿並被成排的樹木取代。

在沙俄時代，克里姆林宮曾是沙皇的加冕之地。在 18 世紀初到 19 世紀末的近 200 年時間裡，克里姆林宮牆曾被塗成當時的潮流白色。19 世紀拿破崙入侵佔領克里姆林宮，撤退之際曾下令炸毀整個宮殿。爆炸持續了三天，但是雨水減少了損失。亞歷山大一世用新哥特式風格進行了翻修。1851 年以後的克里姆林宮變化不大，直到 1917 年的俄國革命。蘇聯政府於 1918 年從聖彼德堡搬到了莫斯科，搬進了克里姆林宮。

參觀克里姆林宮的主要入口在西邊的聖三一城樓（Trinity Tower）下的聖三一大門（Trinity Gate）。大門外有一座橋，需要在橋一頭排隊緩緩進入。克里姆林宮裡的參觀重點可歸結為三個教堂、兩個宮殿、一個鐘樓，外加兩個「天下第一」的炮王和鐘王。此外，非常珍貴的國家軍械庫需要從南邊另一個入口進入，門票也是分開的。

克里姆林宮的中心是大教堂廣場，廣場四周集中了宮內的主要景點。

▲圖7-4 聖母升天大教堂由伊凡大帝所建。

◇ 聖母升天大教堂

　　大教堂廣場北面是聖母升天大教堂，由伊凡大帝於 1479 年所建，六個世紀以來一直是俄羅斯的民族和宗教中心。其地位、規模、輝煌程度都超越了所有其他的早期教堂，是一系列儀式和活動的中心，例如：皇帝加冕、朝代開始、主教就職、法令宣示、軍事慶典、感恩服務，等等。

　　俄羅斯全國最好的畫家們曾被邀請在大教堂裡創作壁畫和圖示，使之成為豐富而獨特的俄羅斯中世紀藝術古蹟收藏之地。

　　1917 年革命之後，大教堂變成了博物館。1990 年起，大教堂的宗教服務活動恢復。

心中的 **俄羅斯**
Russia

◇ 天使報喜大教堂

　　天使報喜大教堂在廣場西南角，原本是沙皇的私人教堂，教堂的主持直到 20 世紀初一直是俄羅斯王室的個人懺悔者。

　　從恐怖伊凡時代起，皇室成員在大教堂舉行婚禮和孩子的洗禮。即使在首都搬遷到聖彼德堡之後，它仍是俄羅斯最重要的教堂之一。

　　天使報喜大教堂舊址是一座 14 世紀的同名教堂，伊凡大帝利用舊址於 1484 年開始重建，1489 年完成。

　　由於教堂靠近大宮殿，伊凡大帝修建了一個樓梯直接連到大宮殿內的私人廳殿。最早教堂只有三個圓頂。在恐怖伊凡時期的大火後修復中增加了圓頂，現在大教堂共有九個圓頂。

　　天使報喜大教堂的面積略小於廣場上的其他兩個教堂，但它的風格更加傳統化，因為建築師是當地人。九個圓頂是它的最大特色，屋頂上面擺放著各種卡喀西尼克（Kokoshnik）裝飾，那是一種俄羅斯北部地方 16 至 19 世紀婦女流行的傳統頭飾。

　　大教堂內部分成中央祈禱區、附屬祭壇，以及若干畫廊。畫廊裡有很多著名圖示畫家的作品，內容是聖經主題和故事，以及歷史上大公和王子等英雄人物。

　　大教堂在多次戰爭中歷盡洗劫，包括 1612 年波蘭－立陶宛佔領、1737 年克里姆林宮大火、1812 年法國佔領、1917 年俄國革命等。

　　在蘇聯時期大教堂關閉，1992 年後才恢復宗教服務。

◀圖 7-5 天使報喜大教堂
原為沙皇的私人教堂。

▶圖 7-6 天使大教堂是沙
皇的主要墓葬地。

◇ 天使大教堂

天使大教堂在大教堂廣場東南，建成於 1509 年，舊址也是一座 1333 年的老教堂，建築師來自義大利。伊凡大帝在下令破土動工的同一年去世，就被埋葬在尚未完工的建築內，那是 1505 年的事。

這個教堂的最大看點，是它在遷都聖彼德堡前，一直是沙皇的主要墓葬地。除了沙皇，還有皇后和王子也在那裡埋葬，唯一的例外是伯里斯‧戈杜諾夫（Boris Godunov），他是第一個出自非魯里克王朝的沙皇。遷都聖彼德堡後還埋葬於此的唯一例外是沙皇彼得二世，他是在莫斯科遇害而亡的。大教堂總共有 54 座墓葬，其中 46 座裝飾有白石墓碑和青銅器釉面。

天使大教堂的風格比較突出。它既保留著內部傳統的俄羅斯教堂佈局，又使用了外部五座穹頂的結構，呼應著對面的聖母升天大教堂。五座穹頂代表著耶穌和四位福音傳道士馬太（Matthew）、馬可（Mark）、路加（Luke）和約翰（John）。

教堂內部的聖像高達 13 米，其中最古老的大天使邁克爾（Archangel Michael）據說可以追朔到 17 世紀，牆上的壁畫也創作於 16 至 17 世紀。

1917 年俄國革命大教堂受到損壞，之後被蘇聯政府關閉。1950 年代改為博物館，教堂內的大部分珍品被轉移到克里姆林宮國家軍械庫博物館，也有部分被出售到了海外。

▲圖7-7 伊凡大帝鐘樓曾是莫斯科的最高建築。

◇ 伊凡大帝鐘樓

伊凡大帝鐘樓 (Ivan the Great Bell Tower）位於大教堂廣場東側，面對聖母升天、天使報喜和天使大教堂。三個大教堂都沒有自己的鐘樓，所以伊凡大帝鐘樓是為它們而建。它總高達到81 米，是克里姆林宮最高的建築，也曾是整個莫斯科的最高。

鐘樓最早用石頭建於 1329 年。鐘樓下面有一個聖伊凡教堂，這就是名字「伊凡」的由來。當年普遍用木建築，它是莫斯科最早的石頭建築。

伊凡大帝在克里姆林宮大修之前，請來義大利建築師重建聖伊凡教堂，剛開始建造便逢大帝辭世。三年之後在大帝之子瓦西里三世手中完成，並加建了空前浩大的新塔樓以紀念父親，這就是伊凡大帝鐘樓，當時只有 60 米高。一個世紀後，伯里斯沙皇下令把塔樓升高至現在的高度。

1812 年拿破崙奪取莫斯科後，聽說天使報喜大教堂的中央穹頂十字架上鑄的是純金，便欲取下奪之。但是一代梟雄錯把伊凡鐘樓當教堂，所有的法蘭西裝備和工程師都未能成功達頂取寶。最後有一名俄羅斯農民自告奮勇攀頂取下十字架，但是十字架只是鍍金而已。農民滿心想獲歡心和獎勵，拿破崙卻將他作為祖國的叛徒開槍射了他的手。當然，這只是個傳說。

拿破崙撤離時企圖炸毀塔樓，鐘樓本身卻非常穩固，地基牆上只留下了少量裂縫而已。

伊凡大帝鐘樓本身由三段八角鼓形建築組成，全部用磚砌成。每段有鐘形窗戶，頂部是金頂和十字架。塔內牆厚五米，空間狹窄，總共 329 步螺旋臺階通向最高處的觀景台。鐘樓現在共有 22 座鐘，其中四個大鐘有一個重達 65 噸，18 個小鐘則懸掛於地基和鐘樓中間，它們通常在重大宗教節日響起，頗為壯觀。

◇ 沙皇鐘

伊凡大帝鐘樓裡的大鐘再大再重，也遠比不上它右側的龐然大物、真正的世界鐘王科洛科爾鐘（Tsarsky Kolokol），也稱沙皇鐘（Tsar Bell）或皇家鐘（Royal Bell），簡稱鐘王。

鐘王由彼得大帝的侄女、女皇安娜所建，青銅鑄造，高六米多，直徑七米，厚 61 釐米，重 200 多噸。鐘的四周浮雕，裝飾著巴洛克天使、聖人紀念章、與真人一般大小的女皇與沙皇的塑像，十分精美壯觀。

歷史上東正教堂的鐘聲，並不代表教會服務和召喚，而是用來宣示重要的宗教儀式和國家慶典，也可以在發生火災或敵人進襲時發出警報。在鐘王誕生之前，最早的沙皇鐘始鑄於 16 世紀，重 18 噸；第二個沙皇鐘建造於 17 世紀，重達 100 噸。這兩個鐘均先後毀壞，直到安娜女皇的這一個，已經是第三代了。

這個鐘王計畫新增重量 100 多噸，確實空前絕後，以致於奉命去法國尋找工匠的一位元帥甚至沒有認真當一回事，空手而歸。最後不得不將重任交給了當地的鑄造大師馬特林（Ivan Motorin）父子，他們豐富的鑄造經驗終於獲得了成功。

鐘王原打算安裝於伊凡大帝鐘樓，完工前克里姆林宮的一場大火蔓延到了木制的支撐架上，守衛擔心大鐘受損而用冷水澆於其上，造成多處裂縫，從此不再鳴響。事實上，鐘王從來也沒有真正敲響過。

2016 年美國加州大學伯克利分校、斯坦福和密西根大學的研究人員公開展示了鐘王若沒有受損的情況下會發出的鐘聲。他們在伯克利分校校園鐘樓下安裝了 12 個揚聲器，演奏了數位模擬的鐘王鐘聲，聲音的頻率大約是 81 赫茲。

心中的俄羅斯
Russia

▲圖 7-8 世界鐘王沙皇鐘。

▶圖 7-9 大火毀壞了沙皇鐘。

▲圖 7-10 世界炮王沙皇炮。

◀圖 7-11 沙皇炮上有沙皇費多爾一世馬上英姿的浮雕像。

▼圖 7-12 沙皇炮的雕刻精美。

◇ 沙皇炮

大文豪伏爾泰說過，克里姆林宮兩件最偉大的東西是從來沒有響起過的鐘和從未開火過的炮。他說的「炮」，就是沙皇炮（Tsar Cannon），又稱炮王，它離鐘王不遠。

炮王的鑄造早於鐘王，成於 1586 年。它長五米多，口徑約一米，重近 40 噸，是俄羅斯青銅鑄工安德列 · 喬霍夫（Andrey Chokhov）的傑作。

炮王的浮雕裝飾也十分精美，炮筒前端甚至雕有沙皇費多爾一世（Feodor Ivanovich）馬上英姿的圖像。炮筒上部鑄有歌頌沙皇的銘文：承蒙上帝的恩典，沙皇和偉大公爵、全俄羅斯獨裁統治者伊凡諾維奇。炮筒上還鑄上了作者的名字：1585 年之夏鑄於莫斯科，安德列 · 喬科夫。

炮王曾在莫斯科的幾個地點放置過，包括紅場附近的一個特殊框架上，為的是防守克里姆林宮的東側。這說明炮王最初也許確有實際用途，至少有過那樣的計畫。一種普遍接受的看法是，沙皇只是為了炫耀軍事實力。但是，據說炮王也有至少射擊過一次的火藥殘渣痕跡，但相反的理論認為，炮身主要的青銅色若有射擊應會消失，而且大炮沒有導向孔，所以發射是完全不可能的。

在現代火炮分類中，由於炮管長度只有口徑的五倍多，炮王應該劃為迫擊炮。但是 17、18 世紀時的迫擊炮長度與口徑之比又沒有超過 2.5 的，即使遠端的也不超 3.5 倍。

炮王前面的擺放的球形鑄鐵炮彈，每一個重約一噸只是裝飾，其尺寸太大，不能用於大炮。炮王的支架也是裝飾。

▲圖7-13 大克里姆林宮殿是國家對外接待的禮儀場所。

心中的 **俄羅斯**
Russia

◇ 大克里姆林宮殿

克里姆林宮教堂廣場四周有多個宮殿建築名字也帶「克里姆林」，它們是：西南的大克里姆林宮殿（Grand Kremlin Palace）、西面的國家克里姆林宮（State Kremlin Palace）、北面的克里姆林參議院大廈（Kremlin Senate）。

大克里姆林宮殿外表看似三層，其實內部只有高大的兩層，因為第二層有上下兩套窗戶。

大克里姆林宮殿長 125 米、高 47 米，總面積 2.5 萬平米，內含 14、16、17 世紀的教堂共九座，房間 700 多間，是一個十分宏大、帶有內院的長方形建築群。它曾經是沙皇在莫斯科的住所和皇家的私室，現在是國家對外接待的禮儀場所。裡面的大廳曾用於蘇聯最高蘇維埃會議，目前也是俄羅斯聯邦總統的一個官邸，但是很少真正用它。

大克里姆林宮殿禁止通行，戒備森嚴。遊客一旦走近它，遠處冷不防就會閃出警衛人員，用口哨吹響以示警告，然後示意你馬上離開。

◇ 國家克里姆林宮

　　國家克里姆林宮也叫克里姆林代表大會（Kremlin Palace of Congresses），是一座相當現代化的大型建築，始建於 1959 年，完成於蘇聯共產黨第 22 次代表大會的 1961 年。它的主設計師還因此而獲得了列寧獎。

　　建築採用現代化玻璃與混凝土結合的設計，整座樓有將近一半的 17 米深沉於地下。主廳可容納六千人，音響系統是當時最先進的。這裡主要進行群體性或國家性的重要活動，例如黨代表大會，官方或民間音樂會，甚至西方和美國的歌手如瑪麗亞・凱莉（Mariah Carey），蒂娜・特納（Tina Turner）和雪兒（Cher），都在宮殿裡演出過。聞名遐邇的莫斯科大劇院維修期間的演出，也曾安排在這裡進行。

　　現代化的靚麗特色，使得國家克里姆林宮出現在古老悠久的克里姆林宮之初曾引起軒然大波，但是它最終融合到了大型的古建築群中。它的白色大理石和有色而反光的窗戶，反而輝映著四周的老建築，使之熠熠生輝，格外美麗。

▲圖 7-14 國家克里姆林宮用於國家性的重要事件和群體性的大規模活動。

◇ 參議院大廈

參議院大廈是一個三角形建築，朝南對著炮王和伊凡大帝鐘樓。左右兩邊是兵工廠大樓和最高蘇維埃大樓。

參議院大廈原先是俄羅斯帝國最高司法與立法的莫斯科分支機搆，管理著參議院。現在是俄羅斯總統府，不對外開放。

參議院大廈有個庭院，院裡有凱旋門般的拱形通道，以及稱為「俄羅斯的萬神殿」的圓形大廳。原來還有聖喬治雕像和正義雕像，拿破崙入侵時被毀。

▲圖 7-15 參議院大廈現在是俄羅斯總統府。

大廈內有一個大型的凱薩琳廳，是遊行閱兵的場所，舉行過特別重要的儀式。裡面的浮雕與凱薩琳大帝有關，塑造的是智慧與戰爭女神密涅瓦（Minerva），那是羅馬的十二主神之一，相當於希臘神話中的雅典娜。

大廈之所以特別突出凱薩琳大帝，是因為大廈的建立與她有關。彼得大帝最早建立參議院，是在 1711 年。當時的六個部門只有兩個在莫斯科，屬於被忽略的辦事機構。

凱薩琳大帝常來莫斯科，注意到了這個問題，遂下令建造了參議院的莫斯科分支。

建築以嚴謹的新古典主義為主要風格，建成於 1787 年，內部裝飾持續到 1790 年。凱薩琳大帝對整個建築十分讚賞，以致於將自己的手套贈送給了設計師的妻子，表達喜愛之情。

十月革命前，莫斯科的軍事總督在大廈院外被暗殺，曾豎立過十字架紀念碑，十月革命後摧毀。

蘇聯早期它是政府所在地，列寧曾將三樓用作學習與住宿，後來史達林也安排進來過，有他的服務公寓，但沒有住宿。1955 年列寧的那個公寓曾對外開放，但在 1994 年展品移走，大廈再次關閉，並改建為總統府，內部的原始設計被完全拋棄重來。

◇ 國家軍械庫

國家軍械庫現在已經沒有軍械，只有珍寶了。但它早在 1508 年就是個皇家兵工廠，確實生產、收購、存放武器。莫斯科最好的槍匠曾在那裡工作，但同時也有珠寶商、畫家等其他行業的人在那裡工作過。1640 至 1683 年正式開設繪畫、藝術課和繪畫室，1700 年，它終於成了沙皇的金銀寶庫。

彼得大帝在聖彼德堡建立新都後，金銀寶庫的大部分被轉移。15 年後，軍械庫進行了一次合併，融進了皇家最古老的財庫以及皇家服飾、床上用品、車庫、車廂等收藏品，並改稱「武

▲圖7-16國家軍械庫現在只有珍寶，十分貴重。

器與主藏所」（Arms and Master Chamber）。亞歷山大一世進一步改成莫斯科第一家公共博物館，並在 1813 年開放。現在的大樓是 1844 年後重建的。

　　十月革命後，軍械庫收集了克里姆林宮大教堂和修道院以及其他的私人收藏，1960 年正式成為官方博物館。

　　目前軍械庫是俄羅斯鑽石基金會所在地，擁有獨特的俄羅斯、西歐和東歐的應用藝術收藏，時間跨度從五世紀至 20 世紀。裡面的精品絢麗多彩，極其珍貴，包括：俄羅斯帝國皇冠（Monomakh's Cap）、恐怖伊凡的象牙寶座（Ivory Throne）、奧爾洛夫大鑽石（Orloff Diamond）、傳奇俄羅斯皇家遊艇（Standart yacht）、法貝熱帝國雞蛋（Fabergé egg）、德米特里軍刀（Dmitri Saber），等等。

俄羅斯帝國皇冠是國家軍械庫展出的最古老冠冕，是俄羅斯王子和沙皇的重要遺物，也是俄羅斯專制的象徵。它製成於14世紀，帽子鑲有紅寶石和祖母綠以及珍珠和黑貂，帽頂上飾有黃金十字架，十分精美莊重。

從外形看，帝國皇冠具有明顯的中亞起源。很多學者認為是當年遊牧的黃金部落大汗烏茲別克傳贈給其內弟、莫斯科大王子的，那是一個韃靼人時期。韃靼人最初將這樣的冠冕用於加冕儀式，以表示對大汗的臣服和隸屬，後來俄羅斯君王也引進了這樣的儀式，並在冠冕頂上加上了十字架。

伊凡大帝在結束俄羅斯封建分裂之後，宣稱自己是羅馬帝國皇帝的繼承人。隨後便有新的傳說出現，聲稱這個俄羅斯帝國皇冠來自拜占庭皇帝君士坦丁四世，是贈給弗拉基米爾二世的，他是弗拉基米爾市的創始人，也是伊凡大帝的祖先。弗拉基米爾二世名字裡有個莫諾馬赫（Vladimir Monomakh），所以這個皇冠又叫莫諾馬赫帽。這樣的傳說很美妙，成為「莫斯科是第三羅馬」的政治理論基礎中的一個。

象牙寶座又稱象牙王座，屬於16世紀的恐怖伊凡。外形是把椅子，裝飾著象牙和海象骨的雕刻板，呈現的景象是神話、紋章，以及生活場景。其中包括的大衛王生活雕刻尤其引人注目，表明了俄羅斯早期對大衛王的崇敬和膜拜。

奧爾洛夫大鑽石原產地是印度，它曾在1774年被鑲嵌於凱薩琳大帝的帝國權杖之中。

皇家遊艇是當年最大的皇家遊艇，屬尼古拉斯二世擁有。它的傳奇來自俄國革命之後被改造成了佈雷艇，居然在後來保衛列寧格勒的戰爭中發揮了巨大作用，居功闕偉。

帝國雞蛋是著名的珠寶商法貝熱為亞歷山大三世和尼古拉

斯二世製作的復活節禮物，供他們的妻子和母親使用。當年一共製作了 50 個這樣的帝國復活節彩蛋，現存有編號的為 43 個。最後一批預訂的交貨期是在十月革命之後，所以那一年復活節的幾個一直沒有交貨。

　　德米特里軍刀屬於俄羅斯的救國大英雄德米特里 ‧ 波紮爾斯基王子，他率領俄羅斯軍隊成功對抗了 1611 年間波蘭和立陶宛的侵略，被沙皇邁克爾一世頒獎讚譽為祖國的救主（Saviour of the Motherland），那是從未有過的崇高榮譽。

　　國家軍械庫與克里姆林宮是分開展示的，單獨售票單獨進出，開放時間也獨特，所以要注意規劃好時間。當地的導遊節目一般不會包括它，但它是獨一無二的。

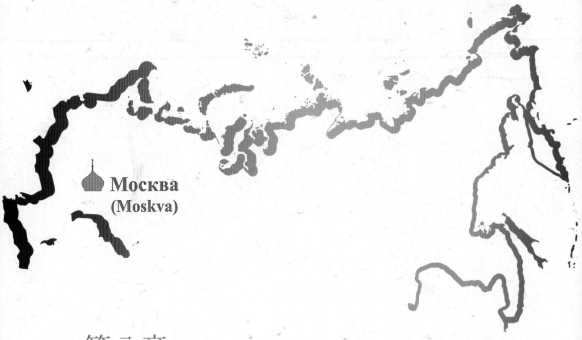

Москва
(Moskva)

第八章

金環小鎮的精彩與輝煌

　　俄羅斯旅遊的前「三甲」，除了莫斯科和聖彼德堡之外，就數「俄羅斯金環」了。它們是莫斯科周邊的一些小城古鎮，歷史悠久，保留著眾多12至18世紀獨特的俄式建築，精緻典雅，反映了俄羅斯國家的形成和俄羅斯東正教興起的那一段早期文化和歷史，號稱是俄羅斯最珍貴的「露天博物館」。

　　在俄羅斯官方的定義裡，俄羅斯金環最早包括八個城市，它們是：謝爾吉耶夫，佩列斯拉夫爾（Pereslavl-Zalesskiy），羅斯托夫（Rostov），雅羅斯拉夫爾，科斯特羅馬（Kostroma），伊凡諾沃（Ivanovo），蘇茲達爾，弗拉基米爾。

　　後來又有更多的小鎮被發掘並加了進來，包括：古西赫魯斯塔利內（Gus-Khrustalny），雷賓斯克（Rybinsk），烏格利奇（Uglich），梅什金（Myshkin），亞曆山德羅夫（Alexandrov）。

　　這些城鎮不但古老，而且有的在政治上與莫斯科不可分割，是俄羅斯最早國家的基地；有的在宗教上與東正教緊密相連，是俄羅斯東正教崛起的搖籃。它們中有外族入侵時的臨時首都（雅羅斯拉夫爾）；也有俄羅斯東正教的發跡福地（弗拉基米爾）；它們中有救國大英雄的安葬靈柩（蘇茲達爾）；也有彼得大帝年輕時被敵人追趕時的庇護之地（謝爾吉耶夫）。

　　人們在遊覽觀賞莫斯科與聖彼德堡的宏偉壯麗之餘，若要進一步瞭解和追溯俄羅斯的早期歷史，就離不開俄羅斯金環小城的精彩與輝煌。近年來這些小城小鎮名聲鵲起，遊客紛至，為的就是一探其背後的故事和傳奇。

　　金環小城的古蹟，包括城堡、寺廟、修道院、教堂和雕塑等，具有明顯的俄羅斯古風。招牌式的洋蔥頭圓頂建築在這裡尤其突出，是俄羅斯最美麗的古蹟代表。在規模和裝潢以及收藏上，它們絲毫不亞於莫斯科或聖彼德堡的同類建築。教堂和修道院

裡所擁有的壁畫彩繪雕塑，記錄著一段又一段的俄羅斯近代歷史。

我的俄羅斯之行在遊覽莫斯科和聖彼德堡之後、南下伏爾加格勒再東進西伯利亞之前，用了三天時間走訪俄羅斯金環小鎮。在綜合比較之後，我選擇了最早八個經典中的四個小城：雅羅斯拉夫爾，弗拉基米爾，蘇茲達爾，謝爾吉耶夫。

◇　莫斯科的兄弟之城雅羅斯拉夫爾

雅羅斯拉夫爾在莫斯科東北約 250 公里，說起來並不算很近。但是在政治上，它的歷史很多都與莫斯科有關，人稱莫斯科的「兄弟城」。它現在交通發達，從莫斯科北上或從聖彼德堡南下，都有火車快車到達，十分便利。

雅羅斯拉夫爾這一帶在九世紀初就是個聚居點，但正式建城卻是在 11 世紀，那是俄羅斯歷史上第一個國家基輔羅斯的時期。15 世紀俄羅斯進入莫斯科大公國時代，雅羅斯拉夫爾成了它的一部分。17 世紀波蘭入侵莫斯科，它成了臨時首都，作為兄弟城的地位隨之提升。

在東正教傳入俄羅斯之前，追溯到早期的多神教時期，流經雅羅斯拉夫爾的伏爾加河沿岸地區，人們信仰的是森林神。在他們的原始信仰中，熊被認為是部落和氏族的始祖。有這樣一個傳說：當時的雅羅斯拉夫大公（Yaroslav the Wise）用斧頭殺死了一頭熊，並帶著熊頭溯河而上來到了這裡。人們崇尚大公帶來了始祖的英雄行為，並將熊變成雅羅斯拉夫爾的標誌，繡在了當地駐軍軍服的臂章上。現在的雅羅斯拉夫爾變身修道院裡，還矗立著大公和熊的紀念碑。

▲圖 8-1 市中心豎立的
建城之父雅羅斯拉夫大
公雕像。

▲圖 8-2 雅羅斯拉夫大公與熊的紀念碑。

▲圖 8-3 伏爾加河和喀多羅梭河的交匯點是個世界文化遺址。

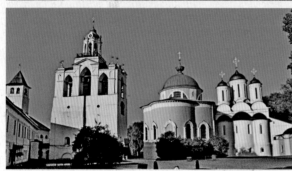

◀圖 8-4 雅羅斯拉夫爾變身修道院。

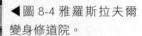

▶圖 8-5 為了給我指路多次打電話詢問的兩位行人。

雅羅斯拉夫爾最著名的景點是救世主雅羅斯拉夫爾變身修道院（Monastery of the Transfiguration of the Saviour Yaroslavl），它建於 12 世紀，到 16 世紀已成為俄羅斯最富有宏大的修道院之一。其主要入口處有一個古老的神聖之門，是保存下來的最老建築。修道院後門外，是城中的伏爾加河和喀多羅梭河（Kotorosl River）匯合點，屬於世界文化遺址。

◇ 俄羅斯東正教創始人之城弗拉基米爾

弗拉基米爾位於莫斯科東北 190 公里處，一般認為它始建於 12 世紀。在 14 世紀成為俄羅斯東北部的行政文化和宗教中心，16 世紀成為弗拉基米爾－蘇茲達爾公國的首都。

當年基輔大公國「偉大的」弗拉基米爾一世（Vladimir the Great）娶的公主來自拜占廷皇族，迎娶時跟來了希臘正教會的修士。婚後不久便「夫隨婦教」，大公也受洗入了東正教（愛你，就要愛你的全部，哈哈），並命令全國居民在第聶伯河（Dnieper

◀圖 8-6「偉大的一世」弗拉基米爾大公紀念碑。

▶圖 8-7 聖母升天
大教堂恢宏大氣。

River）都受洗入教，還在各地建立教會修道院，派傳教士到北
方傳教，這是 10 世紀下半葉的事。到 12 世紀莫斯科大公國興起
後，東正教就成了俄羅斯國家統一的旗幟和象徵。

　　這位弗拉基米爾大帝早在弗拉基米爾建城之前的 990 年，
就來過此地，當時他還是大公。所以有一種說法是，弗拉基米
爾建城應該從大公來訪算起，遠早於 12 世紀。城名也由此而來。

　　還有一種說法，弗拉基米爾城中的聖母升天大教堂供奉的
是聖母弗拉基米爾（Theotokos of Vladimir），她是東正教最崇敬
的偶像標誌之一。這也可能與城市的名字有關。

　　無論怎樣，弗拉基米爾有兩個聯合國教科文組織的世界文
化遺產。除了上述的聖母升天大教堂外，另一個就是德米特里
教堂（Cathedral of St. Demetrius）。

聖母升天大教堂是城裡最重要的景點，建於 1158 年。它最早是該城大公的墓葬地，那是東正教的傳統。大教堂在 1185 年擴建，五個圓頂的設計極為宏偉。教堂內的彩繪壁畫非常醒目，由當年著名的僧侶、專畫偶像的畫家安德列和丹尼爾共同完成。19 世紀又在前方加建了一個新古典主義風格的大鐘樓。整個建築群體高聳在一片開闊的小坡草坪之上，氣勢壯觀。

長期統治弗拉基米爾的是弗謝沃洛德（Vsevolod I）大公，城市在他的治下達到輝煌的頂峰。第二個世界文化遺產德米特里教堂，就是弗謝沃洛德的私人教堂，建於 1194 年至 1197 年。教堂供奉的是大公的守護神德米特里。

這個德米特里的全稱是聖德米特里 · 薩洛尼卡（St. Dmitrii of Salonika），他是四世紀希臘的一位基督教烈士，在中世紀被尊為東正教軍事聖徒。他與俄羅斯歷史上的兩位英雄「德米特

◀圖 8-8 古俄羅斯風格的德米特里教堂具有武士氣概。

里」頓斯科伊和波紮爾斯基不是一回事。

德米特里教堂建築外表偉岸挺拔，頗有武士氣概。它有一個圓頂和四根柱，最早還有畫廊圍繞，直接連接到大公的宮殿塔樓。但在 19 世紀的修復過程中被拆毀，「武士」便楚楚獨立，成了「孤家寡人」。

德米特里教堂是當時的一個「國際合作」專案。俄羅斯和拜占庭的大師及石匠工匠，還有格魯吉亞女王派遣的雕刻家等，都有參與。它有一種無色人工寶石用於該建築，舉世聞名。內外牆壁上裝飾著的約 600 幅浮雕，描繪聖人神話和真實的動物等，顯示出粗曠中有精細。現在大部分 12 世紀的壁畫和浮雕還保留著原來的形式，也有的已在恢復過程中被更換。

◇ 曾經的俄羅斯政教第二中心蘇茲達爾

▲圖 8-9 蘇茲達爾古城淡泊恬靜。

蘇茲達爾在弗拉基米爾市以北 26 公里，距離近但沒有火車。地理上的位置，拉近了兩個城市在政治上的聯繫。

蘇茲達爾坐落在一個山丘上，四周是一望無際的農田。作為俄羅斯最早的聚居地之一，九世紀開始就有人居住，其後開始建城。《俄羅斯古代編年史》中關於它的最早記載始於 1024 年。12 世紀時先是基輔大公的領地，後又歸屬弗拉基米爾 - 蘇茲達爾公國。

很難想像，這樣一個小城蘇茲達爾曾經是俄羅斯第二大的政治及宗教中心，曾經發達風光過。13 世紀蒙古人入侵俄羅斯時，此地爆發了極其酷烈的戰鬥，整個城市被焚燒。18 世紀俄羅斯帝國發跡後，蘇茲達爾才大規模重建。再後來，俄羅斯的政治中心西移，蘇茲達爾逐漸隱沒在歷史的角落裡，現在已是一處與世無爭淡泊寧靜的世外桃源，是莫斯科金環上的一顆璀璨明珠。

蘇茲達爾保存著俄羅斯藝術風格的古建築群，有「博物館之城」美譽。大大小小的紀念碑和俄羅斯境內一些最宏偉的教堂、古老的貿易市場、藝術自然保護區、寧靜幽雅的街道，以及卡敏卡（Kamenka）河畔的迷人風景，都十分難得。

蘇茲達爾城市不大，可以步行遊覽。

城裡的克里姆林城堡是蘇茲達爾的起源地，位於彎曲的卡敏卡河邊。「克里姆林」原意是「城中堡壘」，並非專指莫斯科的克里姆林宮。城堡裡面有聖母聖誕大教堂、鐘樓及大主教宮等。大主教宮內有蘇茲達爾歷史博物館，以及俄羅斯繪畫展示廳。

位於市北的斯巴素—葉夫菲米夫修道院 (Spaso-Evfimiev Monastery) 是蘇茲達爾規模最大、保存最完整的綜合修道院。它

▲圖8-10 蘇茲達爾的「克里姆林」是蘇茲達爾的起源地。

的外觀奇特，酷似碉樓城堡。大院內寬暢開闊，大小博物館十來個，收藏豐富。

　　修道院建於14世紀，由當地名門捐助，其中就有恐怖伊凡的祖先伊凡家族。修道院的重要性一度與日俱增，在16世紀和17世紀達到鼎盛。

　　有評論說，葉夫菲米夫修道院和莫斯科的克里姆林宮一樣令人印象深刻，甚至更好。聽起來有點誇張，但仔細一看，以教堂比教堂，克里姆林宮教堂廣場上的那幾個教堂，從歷史和規模上還真未必比得過這裡的教堂。

　　修道院鼎盛期建造的有救世主的變身大教堂（Transfiguration

◀圖 8-11 葉夫菲米夫修道院正
門高大雄偉猶如碉堡。

▶圖 8-12 葉夫菲米
夫修道院中的變身
大教堂。

Cathedral）、聖母升天大教堂、鐘樓、周圍的城牆和塔樓等。

變身大教堂是典型的弗拉基米爾－蘇茲達爾大公國風格，外形已經有了伊斯蘭元素。內部佈滿了那個時代頂尖的壁畫。教堂內的牆邊，放著德米特里‧波紮爾斯基的靈柩。

這個德米特里是一位俄羅斯軍隊的大英雄，他在1611-1612 年打敗趕走了波蘭－立陶宛侵略軍，結束了俄羅斯歷史上的混亂年代。此後羅曼諾夫王朝誕生，該

▲圖 8-13 變身大教堂內部金碧輝煌的壁畫、彩繪和靈柩。

▼圖 8-14 弗拉基米爾 - 蘇茲代爾公路上偶遇車禍。

王朝的第一任沙皇（早于彼得大帝）曾贈與他祖國的救主稱號。

修道院裡還有一所監獄，建於 1764 年。最初關押宗教持不同政見者，蘇聯時期繼續使用，最出名的囚

犯是在史達林格勒戰役中投降的德國陸軍元帥弗裡德里希‧保盧斯（Friedrich Paulus）。監獄現在成了一個軍事史博物館。

◇ 俄羅斯守護神之地謝爾吉耶夫

謝爾吉耶夫在莫斯科東北71公里，是一個令人驚喜的小城。謝爾吉聖三一修道院（Trinity Monastery of St Sergius）幾乎是它唯一的景點，而人們去謝爾吉耶夫，為的就是這個修道院。

謝爾吉聖三一修道院是東正教最古老的教堂之一，也是俄羅斯東正教最主要的精神中心。它是城堡加修道院的結合體，規模宏大，氣勢不凡。大院內有多個教堂和宗教建築，組成了一個美麗的建築群，包括聖母升天大教堂、聖三一教堂（Holy Trinity Church）、沙皇伯里斯墓（Tomb of Boris Godunov）、方尖碑（Obelisk），還有一個當年最高的88米鐘樓。目前擁有300多個修士。

▼圖 8-15 氣勢恢宏的謝爾吉聖三一修道院遠眺。

▲圖 8-16 謝爾吉聖三一修道院中的聖三一教堂。

　　謝爾吉聖三一大修道院建於 14 世紀中葉，創建人是著名的宗教活動家謝爾吉・拉多涅什斯基（Sergius of Radonezh）。最初是一個木制教堂，紀念基督教三位一體教義。在基督教看來，神是三位一體的，由三個同質的「人」組成：父（God the Father）、子（Jesus Christ 耶穌基督）、神靈（Holy Spirit）。從外形來看，修道院的古俄羅斯風格在向伊斯蘭靠攏。

　　大修道院中央有個聖母升天大教堂，恐怖伊凡建造，始於1559 年，26 年後完成。它是俄羅斯東正教的中心和聖地。教堂從名字到結構都模仿了克里姆林宮內的聖母升天大教堂，卻比

◀ 圖 8-17 修 道
院中的聖母升天
大教堂。

▶圖 8-18 聖母升天大
教堂收藏極為豐富。

它大很多。在四個洋蔥頭形的藍色圓頂中央,有一個金色的大圓頂,使它看起來有點像王宮,而且古俄羅斯風混合了伊斯蘭風。教堂內部裝潢十分講究,16至18世紀聖像畫家大師的傑作,紫色藍色紫羅蘭色的壁畫,最後的晚餐的圖案等等,琳琅滿目。

16世紀時,大修道院周圍的木柵欄回廊改成了堅固的石牆,並加蓋了12個塔樓。這幫助抵禦了17世紀初波蘭侵略軍長達16個月的圍攻。

修道院中還有個醒目的建築,它是沙皇伯里斯的墓葬地。這個伯里斯是在羅曼諾夫王朝之前,恐怖伊凡前後那個時代的沙皇。當年他猝死,引發了俄羅斯歷史上一段有名的混亂時代。不到十年之內,波蘭人最終被趕走,動盪年代結束,直接導致了羅曼諾夫王朝的正式登場。

17世紀末,年輕的彼得一世也曾兩次在被敵人追趕時,躲到這裡避難。18世紀,伊莉莎白女皇曾為修道院授勳,那段時期她每次去莫斯科都會順道到此一訪,對它情有獨鍾。

19世紀時,修道院成為俄羅斯最富有的寺院。它管轄的神學院所收集的聖器手稿書籍等中世紀藏品,在俄羅斯獨一無二,吸引了成千上萬的訪客。

修道院的奠基人謝爾吉是俄羅斯東正教最受人敬重的聖人之一。他不但宣揚俄羅斯東正教,而且聯合俄羅斯各大公共同抵禦蒙古軍隊的入侵。據說就是因為他的祈禱,大公國王子德米特里・頓斯科伊才率領俄羅斯軍隊第一次戰勝了蒙古軍隊。此後他繼續宣揚東正教,並且成為俄羅斯東正教的聖者,現在人們已經把他當做俄羅斯的守護之神。

那個王子德米特里在俄羅斯歷史上,也是個了不起的人物。他第一個站出來公開挑戰蒙古人近二百年的統治,並且在1380

◀圖 8-19 修道院中沙
皇伯里斯的墓葬處。

年打敗了蒙古人。那是俄羅斯軍隊反抗蒙古人的第一次勝利。
他被封為俄羅斯東正教的聖人。人們相信，他的勝利離不開謝
爾吉的祈禱。謝爾吉其人和謝爾吉耶夫這個地方，從此被視為
俄羅斯的守護之神。

　　十月革命後，修道院被關閉，部分改為博物館。1930 年，
院裡 65 噸的沙皇大鐘被摧毀，很多聖器和貴重物品丟失或轉移。
1945 年，史達林繼續了二戰期間對教會的容忍政策，修道院回

◀圖 8-20 修道院中的
88 米鐘樓。

▶圖 8-21 聖水井供信
徒飲用和祈禱。

歸俄羅斯東正教，此後，寺院成為宗教教育中心。20世紀60和70年代大修道院進行了重建，1993年被列入聯合國世界遺產名錄。

◇ 這片孕育了俄羅斯的土地

俄羅斯金環小城鎮的精彩與輝煌並非偶然。俄羅斯最早的起源，就始於六世紀東斯拉夫人向東歐草原的大遷移，他們的目的地就是俄羅斯金環這一帶。正是在這裡，他們逐步建立了基輔羅斯國，以及後來的莫斯科大公國，直至最終成立俄羅斯帝國。

▲圖 8-22 火車站與我揮手告別的當地青少年。

這是一片孕育了民族、國家和文化的大地，一片充滿了變遷、動盪和生機的大地。徜徉在古老的城堡、寺院、教堂中，站立在斑斕的壁畫、彩繪、雕塑前，你能感受到歷史的張力和生命的頑強，遠去的故事和古老的傳說好像會撲面而來：這裡有過殺戮，有過反抗；有過毀滅，有過輝煌。歷史翻篇，人民依然生生不息。在弗拉基米爾火車站和一群當地青少年揮手告別時，從他們充滿真誠與燦爛的笑臉上，我似乎能看到那裡人們的快樂、純真、自信和希望。

再見，弗拉基米爾。再見，俄羅斯金環！

Волгоград
(Volgograd)

第九章

永垂千古的英雄名城伏爾加格勒

　　伏爾加格勒曾名史達林格勒，是第二次世界大戰中永垂千古的英雄名城。然而來俄羅斯的外國遊客，去伏爾加格勒的人卻不多，這不僅因為它的古蹟與遺址已蕩然無存，而且還因為它偏遠的地理位置。

　　伏爾加格勒位處南方，離開東歐平原的俄羅斯中心地區莫斯科及聖彼德堡有兩千多里之遙。也正因為這個位置，二次世界大戰蘇德戰爭一開始時，它並不是希特勒進攻的重點。

　　希特勒於 1941 年 6 月 22 日以巴巴羅薩計畫（Operation Barbarossa）的閃電戰突襲蘇聯，迅速佔領大批蘇聯領土，直逼莫斯科城下。但半年後德軍兵敗莫斯科，蘇德戰線不再一面倒，德軍內部也出現了戰略分歧。希特勒不得不改弦更張，放棄莫斯科而改奪史達林格勒，開啟了 1942 年夏季南方作戰計畫，代號「藍色行動」，重點就是攻佔通往南方重要經濟區的交通咽喉：史達林格勒。

　　蘇軍最高統帥部一開始並不清楚德軍的意圖，所以準備不足而使得德軍進展十分順利。1942 年五月開始，南方先後有克里米亞被佔，近 10 萬蘇軍投降。隨後哈爾科夫（Kharkiv）被突破，德軍成功攻擊蘇軍側翼並合圍部分軍團。到五月底，在南部迎敵的蘇軍大部分被殲，25 萬人被俘。蘇軍的形勢十分嚴峻。

　　但是哈爾科夫一戰也使蘇軍瞭解了德軍的意圖，最高統帥部決心堅守史達林格勒，大會戰的序幕正式拉開。

　　史達林格勒戰役從 1942 年 8 月 23 日正式打響，1943 年二月二日結束，長達近五個多月，是人類戰爭史上唯一的最大和最血腥的戰鬥。戰爭打到後來，由於史達林格勒帶有蘇聯領導人的名字，其象徵及精神意義已經遠超戰略價值，蘇德雙方都不惜一切代價，志在必得。

1942 年九月中旬蘇軍退守城中，其後長達約兩個月的巷戰，是史達林戰役最慘烈的一段。德軍的戰術指導思想是多兵種聯合作戰，用步兵、工程衛隊、炮兵、以及空軍的對地轟炸，在街巷中協調推進。蘇軍的對抗戰術則是貼身緊逼也稱「擁抱」德國人，儘量將己方前線與德軍貼近，使對方無法發揮遠端攻擊火力的優勢。這種近距離廝殺，註定了它必然的慘烈與血腥，卻有效地減緩了德國的推進。

　　一個陣地的爭奪往往要反覆拉鋸多次甚至十多次，德軍在城中的推進只能以「米」來衡量。每一座房、每一堵牆、每一個地下室，甚至每一堆瓦礫，都離不開激烈的爭奪。在一棟樓裡，往往是「佔了廚房，還需在客廳繼續爭奪」，雙方士兵甚至都能聽到對方的呼吸聲。這是一場被兵士們稱為「鼠戰」（Rattenkrieg）的隱匿式近身肉搏。

　　雙方的指揮官也承受了巨大的壓力。德軍前線最高指揮官第六集團軍司令保盧斯上將得了眼部肌肉痙攣，蘇軍主力第 62 集團軍崔可夫中將（Vasily Chuikov）也在不見日光的地下室司令部患了濕疹，不得不將自己雙手完全包紮起來。

　　1942 年 7 月 27 日史達林曾下達第 227 號命令：未經授權而下令撤退的指揮官，都將受到軍事法庭審判。有西方媒體報導，蘇軍的頑強與其殘酷的強制和極度的自我犧牲不無關係，成千上萬的逃兵和被懷疑裝病者遭到槍決以懲戒部隊。僅在史達林格勒一地，就有 14000 名紅軍被處死。當時的口號是：「絕不後退一步！」

　　對蘇軍中實行恐怖管理的程度與合理性，曾有一場歷史大辯論。最早是英國歷史學家安東尼・比弗（Anthony Beaver）於 1942 年 10 月 8 日從史達林格勒前線政治部發出一條消息，提到了軍隊中的「險惡」（Sinister）。他舉例說，有一個稱為

「SMERSH」的特別組織，是當時蘇軍反情報機構的總稱，在紅軍中強制按忠誠和堅定程度對士兵進行排隊，他還揭露了一些具體的程序和做法，從人道和道德的角度提出了質疑。但當說到這種強制做法的效果時，他也承認：軍隊中叛逃事件越來越少，失敗主義情緒幾乎消失。

但也有人曾對數百名該戰線的蘇聯老兵進行過採訪，關於軍中恐怖管理的說法，老兵們說，當聽到這樣的紀律宣示之後，他們的反應通常是釋懷和鬆口氣。他們說：這是一個重要的和必要的步驟。

這些爭議不應扭曲對蘇聯戰爭整體的看法。無論如何，慘烈的史達林格勒保衛戰展現了俄羅斯民族反抗侵略抵禦外辱的彪悍傳統和鐵血錚骨。正如當代著名智利詩人聶魯達（Pablo Neruda）所說：勇氣規則獎賞給了這片土地。 正是這種勇氣，造就了這個英雄之城的不朽偉名。

肩負城市第一道防守重擔的第 1077 高炮團，由一支年輕的女志願者組成。她們並沒有接受過針對地面目標的訓練，在沒有其他部隊支援的情況下直接與德軍坦克對陣，頑強堅持到了最後，直至 37 座防空炮全部被摧毀，極大地阻止了德國第 16 裝甲師的推進。德國人萬萬沒有想到，一直與他們對陣頑強戰鬥的，竟是一批並無真正訓練的女兵。

由揚科夫 · 巴甫洛夫（Yankov Pavlov）指揮的一個小分隊六人，在城中心的一座公寓樓孤立無援頑強堅守，他們在大樓周圍埋設地雷，在窗口架起機槍，將地下室隔牆打通以便通訊。整整堅持了 58 天！人們稱之為「巴甫洛夫大樓」，僅剩的一堵牆還留到了 21 世紀，上面雕著士兵抵抗的畫面，右上角刻著「58」。

▲圖 9-1 伏爾加格勒火車站是當年肉搏最激烈的必爭之地之一。

▲圖9-2 火車站廣場上年長的當地人還會說中國和毛澤東。

　　由於戰鬥的激烈，剛剛從伏爾加河趕赴城中增援的紅軍戰士，平均存活時間不超 24 個小時，軍官也只有三天的平均存活時間。真是壯哉！偉哉！

　　史達林格勒大會戰的結果，50 萬德國及其盟友的士兵和 100 萬蘇聯紅軍陣亡，平民傷亡更不計其數。整個城市幾乎被夷為平地，但德國終於沒有能夠徹底佔領史達林格勒，而且損失慘重。它是第二次世界大戰歐洲戰場的一個轉捩點，是整個二次世界大戰最具有戰略性和決定性的戰鬥。

　　史達林格勒人民的曠世勇氣和英雄主義，催生了不少中國人的史達林格勒情結。我專程從莫斯科南下來回四千里，就是想一窺心中的聖地，瞻仰不朽的名城。

　　我在早晨八點多抵達伏爾加格勒城西的火車站。這裡本身就可稱為歷史遺址，因為它是當年巷戰肉搏最激烈的必爭地之一，曾反覆拉鋸 13 次，爭奪戰達一周之久。只是舊日的遺跡早已蕩然無存，現今的新火車站今非昔比。在車站廣場上我遇到幾位成年長者，他們主動同我這張中國臉打招呼，熱情友好。其中的一位，居然還用中文說了中國和毛澤東。

　　現今的伏爾加格勒，人口上百萬，是浴火重生的新興重工業城市。它的主要大街是橫貫（西）南（東）北的列寧大道。我的兩個觀瞻重點，史達林格勒保衛戰紀念館，以及主戰場馬馬耶夫山崗，位置和交通都與列寧大道有關。所以離開火車站後，我便直奔列寧大道。

　　伏爾加格勒城市規模不大，街道整潔恬靜，行人出人意外地少。列寧廣場的列寧銅像依然屹立，史達林的蹤影卻消失殆盡。街頭樹蔭之間，常能看到紀念當年保衛戰的各種雕塑。與其他俄羅斯城市一樣，西方外資在這裡的投入亦不時可見。

▼圖 9-3 今日伏爾加格勒最繁華的列寧大道一瞥。

▶圖 9-4 伏爾加格勒馬路
上到處可見保衛戰紀念塑
像。

◀圖 9-5 伏爾加格勒列寧
廣場上的列寧雕像。

◀圖 9-6 中心廣場上持槍
帶械的軍人方隊。

◀圖 9-7 中心廣場上的蘇
軍女兵隊列。

途經市中心廣場時，有幾隊戎裝軍人正在集結。有男有女，持槍帶械。一眼望去，方隊軍人中多有高頭大馬，威風凜凜，似乎在提醒著人們，這裡依然有著戰鬥民族的彪悍和英武。

　　我在街上遇到一對年輕的攣生姐妹，她們的英語出人意料地好，在俄羅斯非常難得。閒聊中，我能感受到她們的熱情友好，反應著這座英雄之城恬靜詳和的另一面。

◀圖 9-8 列寧大道上邂逅熱情的雙胞胎姐妹。

◇　史達林格勒保衛戰紀念館

　　在列寧大道的北端，我終於來到了期盼中的史達林格勒保衛戰紀念館。它離列寧大道僅一街之隔，是一幢造型高大、式樣新穎的白色建築物。紀念館外陳列著當年的火箭炮、飛機、坦克、甚至火車。旁邊還有一幢特意保留下來的五層樓房的殘垣斷壁，曾經爭奪激烈的麵粉廠樓房，它幾乎是城裡唯一倖存的遺跡了。現在由於建築安全考慮，已經不讓走近參觀。

　　紀念館收藏了豐富的保衛戰資料，包括城市模型、戰役進程、各種武器、軍需用品、將校們的肖像等。在昏暗的室內燈光下，它們仿佛在默默訴說當年的慘痛與榮光。看著眼前這些

▲圖 9-9 史達林格勒保衛戰紀念館外景。

▼圖 9-10 紀念館旁特意保留下來的五層斷壁，曾經是爭奪激烈的麵粉廠樓房。

幾可觸摸的戰爭遺物，想到那場慘劇就發生在並不遙遠的幾十年前，歷史的一幕幕恍若就在身邊。

使紀念館聞名遐邇的鎮館之寶，是一幅史達林格勒保衛戰的全景畫。沿紀念館大廳中央的螺旋型樓梯拾級而上，登上頂層，當年的激戰場面就會躍然再現。全景畫高三米，沿圓形廳牆呈 360 度全景展開，氣勢宏大。八位大師畫匠花費兩年時間才共同創作完成，是俄羅斯最大的全景畫。畫面以當年的主戰場、城市制高點馬馬耶夫山崗為中心向四方鋪陳，巧妙地同模型、實物、地形融為一體，真實感和立體感十分強烈。它是觀瞻伏爾加格勒的一個亮點。

我走出紀念館時已是下午。下一個目標，就是史達林格勒戰役的主戰場馬馬耶夫山崗。它在城市北邊約三公里的伏爾加河畔，列寧大道上有公車直達。

▲圖 9-11 場面恢宏的史達林格勒保衛戰 360 度全景圖片段。

▲圖 9-12 馬馬耶夫山崗入口處兩側「世代永記」巨大浮雕。

◇ 馬馬耶夫山崗

馬馬耶夫的名字來源於蒙古軍隊的拔都大汗（Batu Khan），他向歐洲西進時曾在此紮營，韃靼人（蒙古人的一支）在這裡的墳地逐漸形成了小山崗。馬馬耶夫山崗的位置十分重要，可俯視整個史達林格勒和伏爾加河，控制河上運輸線。崔可夫中將的集團軍司令部就設在那裡。兵家必爭之地，爭奪的殘酷程度可想而知。

馬馬耶夫山崗有 100 多米高，現已改建成供瞻仰的紀念式園地。從入口到山頂，沿途根據各段主題的變化，分別有不同

▲圖 9-13 遙望馬馬耶夫高地。

▶圖 9-14 「誓死保衛」廣場噴泉池中的英雄雕像。

▲圖9-15 馬馬耶夫山崗上的「殘垣斷壁」雕塑。

的題名。入口處的巨大浮雕名為「世代永記」。高地中部有個「誓死保衛」廣場，中間的噴泉池裡有一個一手持槍一手握雷的赤身英雄雕像。再往上走，左右各有浮雕，名為「殘垣斷壁」，上面刻著當年的英雄人物、戰時口號、焚燒中的樓房等。

在到達山頂之前，還會先後經過雕像林立的「英雄廣場」，以及紀念陣亡將士的「哀悼廣場」。廣場邊有陣亡將士紀念大廳，大廳正中有一隻巨手高舉長明火炬，旁邊有四名衛兵肅立守衛。周圍數十面紅旗上，寫有 7000 多名陣亡官兵的名字。

最後來到山頂，那裡有一座祖國母親大雕像。高 85 米，連底座重達 800 噸。她面向伏爾加河，右手持劍左手指向柏林，被視為伏爾加格勒以致整個俄羅斯的象徵。

我在走上馬馬耶夫高地途徑「殘垣斷壁」時，兩旁巨大浮雕的石牆背後傳來當年的蘇聯老歌，一首接一首在播放，我不禁停下腳步，坐在了路旁。那一刻，我似乎回到了當年蘇軍將士和人民豪氣干雲的似曾相識和王者歸來的強大氣場。

記得年輕時看蘇聯電影《史達林格勒保衛戰》，上下兩集，黑白大片，三、四個鐘頭一氣呵成，盪氣迴腸。革命英雄主義高歌昂揚，熱血的青年為理想和英雄癲狂。

另一部蘇聯電影是女英雄《卓婭》，在衛國戰爭爆發後她告別親愛的人上前線。分離前夜兩人並肩慢步，默默而行。螢幕的背景音樂堅定激昂，久久迴響。畫面美得令人窒息心醉心碎，主旋律正是那理想主義和英雄主義的時代交響。這就是我的俄羅斯情結和史達林格勒情結，那就是我心中英雄名城的永恆形象！

伏爾加格勒之行，使我終於有緣踏上了這片心中「久違」的土地，來到了偉大英雄城市的身旁。

　　人們的念想和情結，可以在想像與憧憬中滋生成長，但只有親歷與親為的真實，才能使之紮根和永存。對於伏爾加格勒，對於心中的史達林格勒情結，在 2014 年的初秋時節我終於可以說：我來了，我看了，我感受到了。

　　你的英勇與偉大，已在我心中定格！

▶圖 9-16 馬馬耶夫山頂的「祖國母親」大雕像。

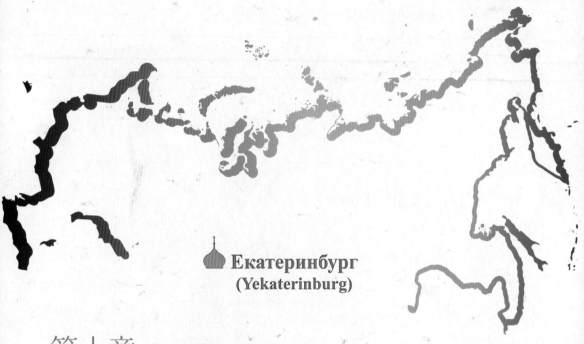

Екатеринбург
(Yekaterinburg)

第十章

末代沙皇神秘死亡之地
　　　　　葉卡捷琳堡

葉卡捷琳堡是俄羅斯第四大城，人口一百多萬。它位於俄羅斯中部烏拉爾山和伊塞特（Iset）河之側，依山傍水，又地處歐亞大陸的交界點，是橫貫東西和南北的工業、財政、文化、交通中心，戰略地位極為重要。

葉卡捷琳堡的名字來自彼得大帝的妻子葉卡捷琳娜。當年的葉卡捷琳堡和聖彼德堡兩大城「堡」，一東一西遙相呼應，代表著羅曼諾夫王朝一對夫婦、兩個沙皇的輝煌與榮耀。但葉卡捷琳堡也是王朝的傷心斷魂地，末代沙皇尼古拉斯二世就在這裡神秘死亡，而且死無葬身之地。三百多年的羅曼諾夫王朝從此煙飛雲散。

末代沙皇的這段歷史傳奇為葉卡捷琳堡平添神奇和魅力。不僅如此，號稱俄羅斯遊「第四大景觀」的莫斯科去西伯利亞的東方快車，在進入西伯利亞之前的最後一大站，就是葉卡捷琳堡。所以去葉卡捷琳堡，也可順道領略東方快車的獨特風情。

◇ 末代沙皇死亡之夜 疑團重重

尼古拉斯二世是個平庸的君主，當時腐朽的沙皇制度也已經風雨飄搖。1917 年 3 月他被迫退位，在聖彼德堡附近的沙皇村軟禁了五個月後，為安全計，被臨時政府送往內地托博爾斯克（Tobolsk），十月革命後又轉移到葉卡捷琳堡。1918 年 7 月 16 日至 17 日凌晨，沙皇全家近十人被布爾什維克槍殺於住處的地下室。

圍繞著末代沙皇的死亡，歷史一直存在著不少疑團：

比如：殺害沙皇是誰下的命令？

一種說法是，地方蘇維埃政府自作主張殺了沙皇全家，蘇

維埃全俄中央只是事後認可。另一種說法是，死刑的執行是奉莫斯科命令列事。最高當局自然一直堅持前一種說法，但是參與行動的前契卡人員堅持的是後者。

再如：槍殺的命令只對沙皇一人還是一家？

處決沙皇的正式消息，是當地的《烏拉爾工人報》於六天后宣佈的：「根據烏拉爾州工人、農民、和紅軍士兵蘇維埃的決議，槍決了前沙皇尼古拉斯 · 羅曼諾夫。」這裡提到的只有沙皇一人，但其實有近十人被害。命令本身到底怎麼說的？

又如：沙皇全家同住一處，為何死後的屍體卻不在一起？

蘇聯解體後，1991 年在葉卡捷琳堡地區一個廢棄洞穴中發現了九個遺體骸骨。經 DNA 確認其中五人為沙皇家人。但沙皇小兒子和大女兒的遺體直到 2007 年，才在烏拉爾山脈的森林中被發現和確認。全家七人的骸骨分在了兩處，為什麼？

為神秘死亡再添濃墨重彩的，是人們一直「有根據」地懷疑小女兒阿娜斯塔西婭大公是否真的死於那場謀殺。1956 好萊塢著名電影《真假公主》，以及 1997 年動畫音樂劇《阿娜斯塔西婭》便是那種懷疑的表現與產物。

尼古拉斯二世一家五人的骸骨最終於 1998 年被隆重安葬於聖彼德堡的彼得保羅要塞的教堂中，剩餘的兩個家庭成員也於 2007-2008 年有了檢屍結論，死亡之謎似乎可以畫上句號了。但實際上，疑問與爭議並沒有停止。對於俄羅斯－英國－美國的「權威」聯合驗屍報告，有人類學和法學專家提出了多處質疑。有人認為，骸骨的發掘過程、骸骨的交接程式以及最後的 DNA 序列，都存在著重大疑點。

所有這一切，都給末代沙皇之死蒙上了濃重的神秘色彩，

心中的**俄羅斯**
Russia

也使得我們對葉卡捷琳堡之行，尤其是沙皇的被害地點喋血大教堂（Church on the Blood），充滿好奇與期待。它正是人們遊覽葉卡捷琳堡的重點。除此之外，克雷諾夫宮（Kharitonov Palace）、謝瓦斯季亞諾夫之屋（Sevastyanov's House），以及市中心的城市池塘（City Pond）一帶，都是有名的景點。

▲圖 10-1 葉卡捷琳堡火車站。
◀圖 10-2 火車站前的這條大街通往末代沙皇被害之地。

▲圖 10-3 建造在沙皇被害地點的喋血大教堂。

◇ 沙皇被害之地喋血大教堂

　　沙皇的被害地點現在建起了喋血大教堂，它在葉卡捷琳堡火車站南約 2 公里，靠近迪納摩（Dinamo）地鐵站。

　　過去這裡是礦業工程師兼商人伊帕季耶夫（Ipatiev）的寓所。當年當局給他兩天時間騰出地方，1918 年 5 月底沙皇全家搬入。1918 年 7 月 16 ～ 17 日接近午夜時分，來了烏拉爾委員會的特派員。他們叫醒皇室全家人並帶到地下室，在宣讀烏拉爾委員會的決議後，迅速地開槍射殺了所有人，並清理打掃了現場 [附]。

　　1977 年，當時的州委書記葉利欽下令拆除此舊宅，將宅第夷平並澆注水泥，試圖永遠抹去秘密槍殺沙皇的事件真相，並防止它成為皇家支持者們的聚集地。

▶圖 10-4 喋血大教堂門前的沙皇全家雕像。

也正是這個葉利欽，在 1998 年作為俄羅斯聯邦的首任總統，「代表人民」主持了末代沙皇的隆重葬禮。

其後，俄羅斯東正教正式冊封尼古拉斯二世為「激情火炬手」。葉卡捷琳堡政府當局向教會提出並遞交了修建紀念教堂的設想與設計。施工始於 2000 年，完成於 2003 年 7 月 16 日，那正是沙皇被害的 85 年紀念日。這個紀念性的建築，就是現在的「喋血大教堂」。它的地基，就是末代沙皇的遇害處。

2008 年 10 月 1 日，俄羅斯最高法院正式為尼古拉斯二世平反，宣佈他的家族是蘇聯鎮壓下的受害者。

喋血大教堂實際包括兩座教堂、一個鐘樓，以及一個附加建築。我到達教堂現場時，正是當地的陰雨天，天空與四周一切顯得格外壓抑凝重。

主體教堂設計建造得高大莊嚴。門前入口處的大十字架下，雕塑著圍繞一圈的皇室全家。沙皇懷抱最小的 14 歲兒子，直立

▲圖 10-5 喋血大教堂大門對面的沙皇全家福照片。

▲圖 10-6 喋血大教堂內部景觀。

▶圖 10-7 喋血大教堂
旁邊紀念館式的「文獻
庫」。

昂首。皇后和女兒們虔誠肅穆，站立身旁。雕像的對面，有著
沙皇的全家福照片。

　　另一個稍小的教堂又稱「文獻庫」（literary Quarter），主
要收藏紀念性的珍貴歷史資料和文物。當地的青年學生有組織
地來參觀的不少。

◇ 烈士大公夫人　費奧多羅夫娜教堂

　　在兩個教堂之間，有一個並不顯眼的小木屋，其實是個小小的教堂，它的全稱為「烈士大公夫人費奧多羅夫娜教堂」（Chapel of the Revered Martyr Grand Dutchess Elizaveta Fyodorovna）。費奧多羅夫娜是皇室的親戚，忠實的朋友，也是個虔誠的修女。她的命運更悲慘：在沙皇全家被害後，她也被毒死，並扔入礦井中。

▲圖 10-8 紀念修女費奧多羅夫娜的小木屋「教堂」。

▶圖 10-9 喋血大教堂旁邊的教堂鐘樓。

◇ 惡名昭著的宮殿克雷諾夫宮

喋血大教堂對面隔著大街有一個大建築群，那就是克雷諾夫宮。它的新古典主義風格，被稱為俄羅斯中部烏拉爾地區最富麗堂皇的宮殿。1794 年由大商人兼大地主列夫‧蘭道格也夫（Lev Rastorguyev）所建，其女婿克雷諾夫 1824 年繼承之後進行了改建和連接，並以自己的姓氏重新命名。

蘭道格也夫是東正教分裂出的一個教派的教徒，同時是個臭名昭著的惡地主。他對農奴極其苛刻，並在地下通道私設酷刑公堂，該建築也由此背上惡名。2000 年，當時有總統特使來烏拉爾地區曾打算下榻於該宮，最終因為大眾的抗議而告吹。

▲圖 10-10 喋血大教堂街對面的克雷諾夫宮。

▲圖 10-11 市中心附近街景，有軌電車仍在運行。

▲圖 10-12 市中心一個購物中心的內景。

◀圖 10-13 市中心附近的路邊「迷你」教堂。

▼圖 10-15 伊塞特河畔的小亭。

▲圖 10-16 兩位建城之父雕像。

▲圖 10-14 伊塞特河畔的「城市池塘」是市裡風景最美麗的地方。

▲圖 10-17 市中心街頭雕塑

◇ 美麗的城市池塘

　　離開喋血大教堂和克雷諾夫宮，向南不到 1 公里就是市中心。那一帶的城市池塘由伊塞特河延伸而來，風景是葉卡捷琳堡最美的。

　　池塘邊的橋頭旁，聳立著 1723 年的兩位建城之父瓦西里・塔季謝夫（Vasily Tatishchev）和格奧爾格・威廉・德・詹寧（Georg Wilhelm de Gennin）的雕像。雕像的馬路對面，是著名的謝瓦斯季亞諾夫之屋。

◇ 驚豔建築　謝瓦斯季亞諾夫之屋

　　謝瓦斯季亞諾夫之屋是哥特式復興風格的歷史建築，絕對是該城最美麗的。房子的主人是成功的大商人謝瓦斯季亞諾夫。18 世紀至 19 世紀的烏拉爾和西伯利亞曾有過一個淘金熱，它甚至早於舉世聞名的美國加利福尼亞著名大金礦的發現。謝氏當時就是在這裡收穫了他事業的第一桶金。

　　和其他的當地富豪一樣，謝氏雖然富得流油，卻一直耿耿於懷，因為自己的知名度及社會地位遠不如中央地區莫斯科和聖彼德堡一帶的富翁同行對手們（邊遠地區的「土豪」也）。然而這裡居民的血液裡，世代流淌著進取與不服輸的精神，所以謝瓦斯季亞諾夫註定要不甘寂寞，驚世駭俗。

　　他驕傲地宣稱：葉卡捷琳堡絕非邊遠的荒蠻之地，而是全俄的第三大城，超越喀山。他向沙皇提出請求：允許他的房子用黃金覆蓋屋頂。這個要求算是很過分的，因為在俄羅斯只有

▲圖 10-18 葉卡捷琳堡的最美麗建築謝瓦斯季亞諾夫之屋。

教堂的圓頂才配得上用黃金，以便引起上帝的注意。結果作為懲戒，他被（強制）要求每天腳穿鑄鐵（！）長靴去教堂。幸運的是，那個教堂就在他那美屋的對面，哈哈。

　　有意思的是，他本人從未入住過自己的那個最美麗屋子，而是出租給來葉卡捷琳堡的富貴訪客們，其中就包括俄羅斯的總統。而且總統梅德韋傑夫在 2010 年之前一直以之為居所。後來新的總統住宅蓋起來了，但總統圈子裡的人說，他們還是更喜歡謝瓦斯季亞諾夫之屋。

▲圖 10-19 聖彼德堡彼得保羅要塞中的彼得保羅大教堂是末代沙皇尼古拉斯二世
遺骸的最後安葬地。

◇ 人類的文明和進步要求歷史眞相大白天下

　　葉卡捷琳堡是個有故事、有懸念、有歷史、有傳奇的魅力城市。去葉卡捷琳堡之前我曾想：末代沙皇尼古拉斯二世是個平庸的君主，他自認皇命天授，對臣民冷漠寡情。他還鎮壓過莫斯科武裝起義，發動過對外擴張戰爭。對這樣一位逆潮流而動、歷史評價甚低的人物，為何世人會幾十年不懈對他的神秘死亡刨根問底、不依不饒，並為其「鳴冤叫屈」？

　　離開喋血大教堂和葉卡捷琳堡時，我意識到：人們要解開沙皇死亡之謎的努力，並不是對沙皇本人、為沙皇本人而已，儘管他也確實罪不至死。人們的追尋，是對事實的尊重，是對歷史的負責，是對真相的虔誠。我們不能允許世界上的任何角落，有無端的迫害和殺戮，無論它們是明是暗，無論它們如何遮掩；無論它們是以「革命的名義」，還是以「真主的名義」。這是人類文明和進步的要求：歷史真相必須大白天下！

[附]

　　1918 年 7 月 16 ～ 17 日，羅曼諾夫全家在 22 點 30 分就寢。1 小時後來了烏拉爾委員會的特派員，要求警衛隊指揮立刻執行執委會的決議。

　　皇室全家人被叫醒並被告知說，住宅可能會遭到白軍入侵的射擊，必須搬到地下室避難。

　　當全部人走進地下室並關上門後，警衛隊指揮將囚犯排成兩排，第一排沙皇全家，第二排僕人。皇后和皇太子坐在椅子上，右邊站著沙皇。與沙皇面對面站著警衛隊指揮，他右手放在褲袋裡，左手拿著一張小紙條。

　　警衛隊指揮向前走上幾步，拿起紙條說：「注意！在此宣讀烏拉爾委員會的決議⋯⋯。」最後一句話沒來得及讀完，沙皇大聲反覆地問：「什麼，我不明白？」警衛隊指揮重複讀了一次，在讀到最後一個字的瞬間，從褲袋裡拿出左輪手槍，向沙皇開槍射擊，沙皇臉朝天倒下。與此同時，其他人也槍彈齊發，皇家其餘人均應聲倒地。

Иркутск
(Irkutsk)

第十一章

西伯利亞明珠伊爾庫茨克

在不少人的印象中，西伯利亞除了大片的天然白樺樹林之外，就是常年冰天雪地的浩瀚荒野，難怪它會成為沙俄時代的犯人發配流放之地。但是很多人沒有想到，那裡也有一顆魅力獨特的「西伯利亞明珠」，甚至號稱西伯利亞的「東方巴黎」，那就是位於貝加爾湖岸邊，臨近蒙古邊境的大城伊爾庫茨克。

伊爾庫茨克已經有三百多年的歷史，是俄羅斯城市中年齡超過 300 的不多的幾個之一。隨著十九世紀末西伯利亞大鐵路的開發，伊爾庫茨克已經發展成為西伯利亞最大的工業城市，是橫貫東西交通和商貿的重要樞紐，為俄羅斯的過去和現在都做出了卓越的貢獻。而且它現在是俄羅斯最具吸引力的城市之一。

當年中國大陸的「副統帥」林彪登機匆匆出走時，他問警衛處長李某的一句話：離伊爾庫茨克有多遠？不僅成為後來「坐實」其「叛國叛逃」罪名的「鐵證」，也讓伊爾庫茨克這個地名密集地進入了人們的視線。

▼圖 11-1 伊爾庫茨克火車站

伊爾庫茨克的獨特魅力來自其歷史上的多重身份：它是開發西伯利亞的前沿考察基地；是曾經的世界淘金名城；也是著名的沙俄流放集中地。

　　19 世紀時，西伯利亞（連同烏拉爾）的淘金熱始於列娜河（Lena River）發現的金礦，它甚至早於舉世聞名的美國加利福尼亞著名大金礦。當年產金量曾經高達世界的百份之二十至四十，是一時的世界產金中心。

　　伊爾庫茨克也是沙俄時代著名的（政治）犯人流放地。來這裡的流放者們背景各不相同，從俄羅斯藝術家和官員，到貴族出身的十二月黨人，還有無產階級的布爾什維克。他們曾在伊爾庫茨克和平共處多年。到了 19 世紀末，每三個伊爾庫茨克居民中，就會有一個是流放者，外來人比例極高。

　　這些特殊背景的外來客，帶進了西部東歐平原相對開放和先進的智力與文化，極大地增強了城市的文化底蘊，影響了城市的繁榮和發展。其結果是，伊爾庫茨克最終成為東西伯利亞一個強盛的文化和教育中心。

　　流放在伊爾庫茨克的十二月黨人是一群貴族革命家，他們的十二月武裝起義失敗後被流放到西伯利亞。他們的貴族妻子奮不顧身地趕來一起流放，甚至付出了生命。

　　作為布爾什維克的列寧，其實本來也是被流放到伊爾庫茨克去報到的。但是這位「偉大導師」頗為「頭子活絡」，在登上穿越西伯利亞大鐵路的火車之前，他作了些停留，找了點關係，開了個（不健康）證明，打了一報告，結果得到沙皇當局「宅心仁厚」的特殊照顧，改派到了西伯利亞氣候最好地方之一的西部葉尼塞河岸邊，那個有北國江南之稱的蘇申斯克（Shushenskaya）地區。

蘇聯解體後人們開始知道的情況是，無產階級的「偉大導師」在西伯利亞流放三年期間，並不像以前宣揚的那麼艱苦和不堪，甚至還比較清閒和自由。

十月革命後，俄羅斯爆發過內戰。白軍和紅軍之間曾經的激烈衝突中心，就在伊爾庫茨克。當年反布爾什維克勢力最大的白軍指揮官，就是亞歷山大・高爾察克，他失敗後在伊爾庫茨克被布爾什維克處決。

高爾察克是個奇人。這位曾經的海軍上將，「反革命」和「白匪總頭目」，若拂去歷史的塵埃，其實是位天才的學者、北極探險家、勇敢的戰士、傑出的將領，外加拙劣的政治家。他從不沽名釣譽斂財謀私。19 歲從海軍學校畢業時，曾拒絕接受第一名的殊榮，因為他認為同班的另一同學比他更優秀。他一生中有過多次這種騎士般的舉動。從軍後因為赫赫戰功和正直俠義，在兵士中亦有極高的威望。

十月革命後他率領白軍反抗紅軍，是因為自視代表被推翻的合法政府。但他屢遭挫敗，最後決定從鄂木斯克（Omsk）橫跨西伯利亞向東大轉移，他自己最後一個離開。在不到一千公里處的托木斯克（Tomsk）小城，那是當年地球上最冷的城鎮，氣溫從往常的零下 30℃ 陡然降到了零下 60℃。50 萬大軍連同 75 萬追隨者，歷經掙扎困苦，最終被無邊無際的西伯利亞雪原吞沒。

政治不講人性，歷史冷酷無情。好人站「錯」了隊，也會粉身碎骨；小人混「對」了邊，照樣飛黃騰達。現在高爾察克的雕像，高高聳立在伊爾庫茨克的西納曼斯基修道院（Znamensky Monastery）前方，從一個側面反映了俄羅斯人民內心深處對他的認同和肯定。

▲圖 11-2 晨曦中的安加拉河大橋。

　　我乘火車到達伊爾庫茨克時，是莫斯科時間凌晨 3 點 28 分。由於時差五個小時，所以相當於當地的 8 點半，已經天亮。火車站在城西，與市中心一河之隔。我步行跨過安加拉河（Angara River）大橋走向市里。晨曦中，迎面一排排齊整的扶欄和橋燈蜿蜒著伸向前方，與遠處影影綽綽的高樓大廈融合成一幅開闊宏大的天邊圖景。沒錯，這就是西伯利亞的明珠，西伯利亞的東方巴黎！我心裡一陣興奮，加快了步伐。

　　來伊爾庫茨克，首先要看它的教堂。伊爾庫茨克的教堂與俄羅斯西部傳統的東正教堂不同，它們結構比較獨特，規模比較小巧，色彩比較亮麗。有專家評論說，伊爾庫茨克的教堂是一道靚麗的風景線，通常會給人帶來意想不到的驚喜。

　　伊爾庫茨克的主要教堂有四個，它們是：巴卡雅夫林奇卡亞大教堂（Bogoyavlensky Cathedral）、救世主教堂（Church of the Saviour）、西納曼斯基修道院、變身大教堂。其中三個都在安加拉河東岸的市中心，只有西納曼斯基修道院稍微遠離市中心。

◇ 巴卡雅夫林奇卡亞大教堂

　　巴卡雅夫林奇卡亞大教堂在市中心北的安加拉河畔，是伊爾庫茨克最大的宗教紀念碑式的地標建築，號稱西伯利亞最有價值的遺跡。它建於 1718 年，有一個童話般的外表，極富特色。

　　它的顏色特殊。橘紅與白色相間，甚至還有白綠混搭。紅磚外牆裝飾著巴洛克元素混合老俄羅斯風格的飾品，並雕刻著鮮花、聖徒和神話動物等，也有一些銘文。

　　它的結構新穎。一個 15 米高的尖頂鐘樓，含有蒙古藩旗的元素，這在當地應該不奇怪，因為西伯利亞有相當比例的蒙古 /韃靼人口。另一個小洋蔥圓頂上加了條鮭魚，裝飾新穎別致。鐘樓上有四個鐘，遊客可以進入，在那裡能夠一覽這個西部城市的全景。

▼圖 11-3 巴卡雅夫林奇卡亞大教堂的顏色豔麗結構新穎。

大教堂建於 1693，原先用的是木材。後來一場大火摧毀了它。現在我們看到的，是 18 世紀初重建的。不再採用小型木結構，而是改成了石質。儘管規模不大，重建卻花了整整大約 20 年，可見設計與施工的精緻。

這個地標式的建築在 18 世紀末一度關閉，還被改成了一家麵包店。在前蘇聯的幾十年間也曾用作宿舍樓，直到 1995 年蘇聯解體後，這裡才恢復教會活動。

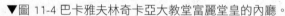
▼圖 11-4 巴卡雅夫林奇卡亞大教堂富麗堂皇的內廳。

◇ 救世主教堂

救世主教堂與巴卡雅夫林奇卡亞大教堂僅一街之隔，始建於 1706 年，用白石頭建成。它是伊爾庫茨克教堂風格與眾不同

▲圖 11-5 伊爾庫茨克救世主教堂。

的又一個例證：外形像條船，帶尖塔的綠色屋頂鐘樓是船頭，高 50 米，另一端的半圓形小教堂是船尾。正門設計帶巴洛克風格，和它的金色圓頂一樣，也裝飾著精細的壁畫與聖徒的照片。教堂裡現在有一個俄羅斯之鐘的博物館。

◇ 變身教堂

　　東正教的變身教堂在市東部，離著名的十二月黨人流放紀念館不遠。「變身」是傳統上指基督發生轉變（的地方）。據

福音書的記載，耶穌在一個不知名的山上發生了這個轉變，並與摩西進行了談話。這個教堂外部黃白綠三色相間，小巧靚麗。

▲圖 11-6 伊爾庫茨克變身教堂。

◇ 西納曼斯基修道院

西納曼斯基修道院在巴卡雅夫林奇卡亞大教堂的東北方向，與之隔河相望。

正如佛教的寺院與廟宇有所不同，東正教的修道院（Monastery）與教堂（Church）也有微妙的差異。後者用於祈禱祭祀，前者更用於弘法修行。西納曼斯基修道院屬於前者。

西納曼斯基修道院在伊爾庫茨克被稱為當地的「標誌寺」（Sign Monastery），屬於堂院中之標杆，是整個西伯利亞地區傳播基督教，並致力於聖母瑪利亞和耶穌的（最）主要寺院之一。

　　該寺院建於 1689，最初也是用木頭建造（木質建築在西伯利亞和伊爾庫茨克非常普遍）。隨著時間的推移，木建築往往需要用石頭改造重建，化了整整五年。

　　與巴卡雅夫林奇卡亞大教堂鮮豔亮麗的外表不同，西納曼斯基修道院外觀儘管也是巴洛克式，卻顯得樸實無華。但它的內堂依然金碧輝煌，不輸巴卡雅夫林奇卡亞大教堂。

　　說起來，東正教與天主教及新教並列為基督教三大教派。它自稱「正」統，因為只有它嚴守原始教義。比如《舊約聖經》禁止崇拜立體偶像，東正教便只用平面聖像來瞻仰。東正教的彌撒與公眾禮拜結合，禮拜祈禱以站立為主，不設座椅。所以在俄羅斯東正教堂裡，看不到膜拜的立體偶像，也沒有信徒祈禱的座椅。

▲圖 11-7 西納曼斯基修道院外觀十分淡泊平常。

▼圖 11-8 西納曼斯基修道院內廳金碧輝煌。

在西納曼斯基修道院內廳，四周畫滿或掛滿了俄羅斯著名藝術家們畫的聖像。巨大的彩色玻璃窗也裝飾著描繪使徒生活的場景。教堂入口處有主聖母瑪利亞的白色大理石雕像。祭壇上放有兩本古代福音書，其中一本據說有彼得大帝的簽字，極具歷史意義。

◇ 高爾察克紀念碑

西納曼斯基修道院的院子內外，零零散散安排著一些頭面人物的墓地和紀念碑。其中有最早的貿易先驅「俄美公司」一位創始人的墓，有當年立陶宛大公國一個公主和她孩子的墓，還有一些布爾什維克革命英雄的墓。但是最突出的要數高爾察克的紀念碑。它聳立在西納曼斯基修道院前方，十分高大，底座就高近三米。高爾察克戎裝直立，雙眉微鎖。沒有昂首挺胸，卻透著逼人英氣。腳下有面對面的雕塑，是當年「紅」與「白」的兩軍死敵。俄羅斯人不惜為當年的死敵樹碑立傳，令人唏噓欽佩。

西納曼斯基修道院聖地曾在 1926 年被前蘇聯當局關閉，1994 年重新開放。

除了教堂和高爾察克塑像之外，伊爾庫茨克的其它景點還有：

十二月黨人流放地（Houses of Decembrist），亞歷山大三世塑像，勝利廣場，尤里斯高戈步行街（Uritskogo Street），市政府所在地基洛夫廣場（Kirov Square），馬克思大街，列寧大街，大劇院（Drama Theater）等等。

▲圖 11-9 一代傳奇高爾察克紀念碑。

▲圖 11-10 十二月黨人流放的房子。

◇ 十二月黨人流放地紀念館

　　所有這些景點當中，十二月黨人流放地改建的紀念館（Memorial Museum of Decembrists）最引人矚目，甚至是很多西方遊客來伊爾庫茨克的主要觀瞻之地。它在市中心東面，與變身教堂一街之隔。

　　我參觀完西納曼斯基修道院後，跨過安加拉河南下，直奔十二月黨人紀念館。

　　紀念館是個相當大的院子，當年算是個莊園。最早的主人是沙皇時代的貴族王子伏爾康斯基（Prince Volkonsky）。王子身世顯赫，祖父在凱薩琳大帝時代是位元帥兼政治家，王子本人和兩個兄弟在拿破崙戰爭期間均表現突出，還在戰鬥中受過傷，戰後升任為少將。他的姐姐是個公主，他有一個外甥是著名的戲劇導演和評論家，據說也是十二月黨人。

　　王子崇尚自由，參加了旨在推翻專制、實現自由主義改革的 1825 年十二月黨人起義。起義失敗後，他被認定有罪，判處斬首，但最終改判為苦役。

　　他在伊爾庫茨克附近的礦山作苦工，作為政治流亡者在西伯利亞一待就是 30 年。他的妻子瑪利亞（Maria Rayevskaya）跟著他來到西伯利亞共患難。他們歷經折磨和艱辛的動人故事，被詩人尼古拉 · 涅克拉索夫（Nikolay Nekrasov）在一首長詩中描寫得動人心扉，被後人視為俄羅斯傳統中浪漫與傳奇的經典，並被搬上了銀幕，電影《幸福迷人的星》（The Captivating Star of Happiness）寫的就是他們的故事。

　　沙皇亞歷山大二世 1856 年繼位後，王子等老十二月黨人被允許從西伯利亞返回。19 世紀 50 年代後期，王子有機會遊歷了歐洲，並會見了著名的自由派人士赫爾岑（Herzen）等。王子夫婦的餘生在俄羅斯的女兒家中度過。他的回憶錄於 1902 年出版。耿直率性的王子，是伊爾庫茨克又一個令人唏噓的故事。

　　王子的房子建於 1838。王子流放到伊爾庫茨克後，於 1847 年搬運（！）來此。這是西伯利亞典型的農民宅院，有寬敞的庭院、木房、倉房。它不但成為流放人士的聚集地，也成為伊爾庫茨克的文化與社交活動中心，經常組織舞會，演劇，以及音樂表演。看來沙俄時代的政治犯，即使在服刑期間，也不乏基本的人道主義待遇。

　　王子在此生活到 1856 年的大赦，離開時將房子賣給了一個商人，商人把它辦成了一所孩子們的貿易學校。蘇聯時期，這裡是個宿舍。1974-1985 年，房子重建，博物館開張。世界各地來伊爾庫茨克的遊客，對這所老房子的興趣，絲毫不亞於其他著名的景點。

◇ 西伯利亞老木屋

當我離開十二月黨人紀念館時，在附近街區看到了一批老房子，讓人一眼看去就有不一樣的感覺，它們色調晦暗，無人居住。屋頂與窗戶設計與眾不同，且配有獨特的石質裝飾。我忽然意識到，這就是傳說中的西伯利亞老木屋，是受到國家保護而留下來的木質房屋街區。

我在伊爾庫茨克的最後一段時間，留給了馬克思大街和列寧大街。這是兩條相互交叉，橫貫市區的大道，是伊爾庫茨克最繁華的地段。

▲圖 11-11 木質房屋街區的西伯利亞老屋。

▲圖 11-12 伊爾庫茨克基洛夫廣
場是市政府所在地。

◇ 勝利廣場

在列寧大街北端，去巴
卡雅夫林奇卡亞大教堂的途
中，會經過市府所在的基洛
夫廣場。在大教堂的臨江一
面，是另一個有名的勝利廣
場。這兩個都值得駐足。

▲圖 11-13 安加拉河畔勝利廣
場上的雕像紀念最早建城的先驅
們。

◇ 亞歷山大三世塑像

在馬克思大街中段，有個中央廣場和列寧雕像。沿途我還
走過尤倫斯柯戈步行街，走過伊爾庫茨克大劇院，最後我走到
了馬克思大街的最南端，那裡有安加拉河畔的亞歷山大三世塑

◀圖 11-14 尤倫斯柯戈步行街禁止車輛通行。

像。

在伊爾庫茨克大街上，依然有老式有軌電車在運行，提醒著人們過去的時光。除此之外，這是個現代的都市。雖然沒有俄羅斯西部大都市的熙熙攘攘，卻能讓人感受到城市步步向前的活力。

◀圖 11-15 伊爾庫茨克大劇院代表著這裡濃厚的文化藝術氣息。

晚上我再次坐上莫斯科開往北京的東方快車。火車在原野中隆隆駛過，不久便又湮沒在熟悉的西伯利亞白樺樹林的夜色之中。

我想起白天在這座城市的所見所聞。這裡的教堂也許沒有遠方東歐平原上的宏大輝煌，卻在平樸嬌小的外表下展現出獨特精緻之光；在這裡留下濃重歷史一筆的高爾察克，也許其政治選擇「不合時宜」而且事業結局失敗淒涼，但他的人生道路所散發的人性人格光輝，卻是絢麗奪目使人敬仰；貴族王子在這荒野之地流放整整三十年，也許他「不識事務」不長袖擅舞，卻也折射出他的剛直執著和對自由的真誠信仰。

這是個邊遠之城。但這裡的歷史，這裡的傳奇，卻猶如真正的明珠，撒落在西伯利亞白樺林覆蓋的荒野裡，恆久地散發著曠世無雙的珍奇之光！

▲▲圖 11-17 西伯利亞某火車
站，同車廂的斯洛伐克小夥從老
大媽手中買燻魚後閒聊。

▲圖 11-18 西伯利亞荒野上的白
樺樹林。

▲圖 11-16 城市最南端安加拉河
畔的亞歷山大三世塑像。

Улаанбаатар
(Ulaanbaatar)

第十二章

神秘的烏蘭巴托

離開西伯利亞進入中國大陸之前，我經過蒙古首都烏蘭巴托並作停留。

原來我的標題是《世上最單調城市：烏蘭巴托》，因為有媒體就曾這麼稱呼過烏蘭巴托。儘管說得誇張，卻也反映出了它矛盾而神秘的部分事實。也有一位作家說過，烏蘭巴托是需要努力才能瞭解的城市。

一方面，以烏蘭巴托為首都的蒙古，是世界上面積第 17 大的國家，也是僅次於哈薩克斯坦的世界第二大內陸國家。它的交通很不發達，一出烏蘭巴托，便幾乎沒有現代交通工具可用。它又是地球上最寒冷的首都，年平均為攝氏零度以下，一月和二月更是低達 -15℃到 -30℃。2013 年，它還被列為世界上第二個污染最嚴重的城市，僅次於伊朗的阿瓦士（Ahvaz）。

但是另一方面，蒙古又是一個美麗和熱情好客的國家，烏蘭巴托也是一座濃郁草原風貌的現代城市。它人口中三十歲以下年輕人的比例高達 70%，是世界上最年輕的城市之一。它的現代化進程正在一步步煥發活力。近年來，來烏蘭巴托的世界各地遊客開始多了起來。

2014 年 10 月，我坐在莫斯科至北京的東方列車上時，就遇到了不少去烏蘭巴托的歐洲遊客，他們計畫逗留三五天，甚至十天半個月。當然，五天以上的，他們通常還會去蒙古的其他地方。

火車到達烏蘭巴托是清晨 5:40 AM。街上黑黑靜靜，沒有行人，也沒有車輛，更沒有計程車。好在街道橫平豎直，去旅館不到 2 公里，我決定步行去找，結果 30 多分鐘天微亮時就到了。

沿途一路並未覺得任何不安全。快到主街和平大道時，遇到一對青年男女，我用英文問話，他們搖頭，No English 的意思。

▲圖 12-1 夜色中的烏蘭巴托。

我開始體會到，這裡懂英語的確實不多，包括年輕人。

　　一人夜「闖」烏蘭巴托，在空蕩蕩大街上我拍下了幾棟樓房。本沒有期待烏蘭巴托有多少大廈，所以乍看到大樓便覺新鮮。後來發現，其實市里樓房不少。

　　我在烏蘭巴托停留了一天一夜。整個城市不大，景點也算集中。四個主要景點是：甘丹寺（Gandan Temple）、喬金喇嘛寺院（Choijin Lama Monastery）、柏格汗博物館（Bogd Kahn Museum）、蘇赫巴托廣場（Sukhbaatar Square），外加著名的和平大道（Peace Avenue）。

　　到達旅館並早餐之後，我步行從西向東，由北往南，一天時間便走遍了大半個城市。「走馬觀花」下來，感覺烏蘭巴托比想像中的要熱鬧和「繁華」。

　　歷史上的蒙古，從 12 世紀開始接觸藏傳佛教，16 世紀完全接受成為其主要宗教。藏傳佛教的哲布尊丹巴（Jebtsundampa），即活佛，是「聖賢尊者」的意思。20 世紀初，當時的哲布尊丹巴一度成為柏格汗，即「蒙古皇帝」。同柏格汗博物館一個工作人員聊天時，她告訴我說蒙古人 80% 信教。

◇ 甘丹寺

烏蘭巴托最主要的景點是甘丹寺，紀念的就是曾獲柏格汗稱號的第八世、也是最後一世的哲布尊丹巴。

甘丹寺的藏文意思是「完整歡樂之地」，它最早是第五世哲布尊丹巴 1809 年開建的一座小廟，還建了一個他的私人住宅，現在那個小廟只剩一個木頭柱子了。

真正的甘丹寺建於 1838 年，就在那私人住宅旁邊。十三世達賴喇嘛于 1904 年來訪時，曾下榻於此私宅。1925 年，還修建了保存有第八世哲布尊丹巴遺體的最後一座寺廟，現在它是個修道院圖書館。

20 世紀 30 年代，蒙古的喬巴山共產黨政府在史達林影響下，摧毀了蒙古幾乎所有的寺廟，殺害了超過 15000 名喇嘛。甘丹寺雖躲過了浩劫，寺內的巨型大佛雕像還是被毀，直到 90 年代才重建。

那座大佛雕像人稱佛菩薩（Migjid Janraisig），也稱千手觀音，原建於 1913 年，為銅鑄，高 26 米多。1996 年剛重建不久，由二千多塊珍貴的石頭以及鍍金金箔建成，資金來自民間，現在是信徒主要的祈禱之地。

我的旅館就在甘丹寺附近，走走就到。甘丹寺挺大，所以那天去了兩次。上午去門口有人售票，下午晚飯前我又去溜達，沒人守門了，我便一直往裡走。一個「大陸街道委員會」似的老大媽攔住我，指給我看售票處寫的門票價錢，意思是我應該買票。我說：售票人呢？老大媽圍著小門房轉了一圈，門鎖著。她快快地走了。

▲圖 12-2 甘丹寺正門汽車都可以進出。

▶圖 12-3 甘丹寺主寺廟是典型的藏傳佛教建築風格。

▲圖 12-4 甘丹寺主寺前的佛塔。

▲圖 12-5 甘丹寺主寺廟裡的 26 米高巨佛雕像。

◇ 喬金喇嘛寺院

喬金喇嘛寺院在市中心一帶，始建於 1904 年，完成於 1908年。最初由蒙古末代大汗即第八世哲布尊丹巴的兄弟佔用，1938年共產黨政府將之改為博物館。現在它是一個綜合蒙古佛教歷史及藝術的博物館，收藏的都是上世紀的文化瑰寶。

寺院共有四座寺廟。主寺廟有佛祖釋迦牟尼的 18 世紀鍍金雕像。它兩旁右邊是當年那個喬金喇嘛大汗的雕像，左邊是其老師的防腐處理過的屍體。

第二個寺廟是本尊寺，原是大汗祈告的地方，不對外開放。據說裡面有一個著名的印度 84 瑜伽師之一的鍍金青銅雕塑，還有描繪幾個密宗神及其象徵性權力和力量的圖像。

第三個寺廟稱為和平的殿堂，奉的是蒙古第一個投胎轉世的活佛。

最後一個寺廟有很多宗教樂器，唐卡（Thangka）繪畫，以及柏格汗從西藏帶來的上百卷甘珠爾（Kangyur）及丹珠爾（Tengyur）副本，還有宗教舞蹈面具等。

唐卡是一種畫在布、棉、紙上，再用彩緞裝裱的宗教卷軸畫，通常描繪佛教的神明、場景等。甘珠爾和丹珠爾則是藏傳佛教各類各派的經文清單。

在寺廟周圍，有一些當年使用的蒙古包，一定程度上反映了烏蘭巴托尚存的草原風貌。還有一個當年喬金喇嘛舉行儀式的中心廣場。由於不再是宗教活動的祈禱場所，現在已經人去草生，衰敗之象畢露了。

▲圖 12-6 喬金喇嘛寺正門。

▶圖 12-7 喬金喇嘛寺對面的浮雕龍壁,與現代化樓房形成對照。

▼圖 12-8 喬金喇嘛寺主寺廟。

▲圖 12-9 柏格汗博物館雄偉的蒙漢式牌樓。

◇ 柏格汗博物館

　　柏格汗博物館在烏蘭巴
托市南，離市中心約2公里。
它由蒙古自己的建築師建於
1893 至 1903 年間，供奉的
是蒙古王柏格汗，它又稱冬
宮。最後一個柏格汗死後，
改為蒙古的第一個全國歷史博物館。

▲圖 12-10 柏格汗博物館主寺廟。

　　18 世紀後期，烏蘭巴托一帶被選定為永久首都，宮殿和貴族住
宅開始修建，最出名的有夏宮，冬宮，潘德楞宮（Pandelin Palace）等。
現在只剩下冬宮一個了。

　　館內的收藏涵蓋了 17 世紀至 20 世紀初蒙古的政治、宗教和藝
術歷史。例如著名藝術家和工匠創作的青銅鑄件、絲綢畫、礦物原

料繪畫等，還有第一世哲布尊丹巴和末代活佛擁有及使用過的物品，以及國內外賓客所贈的禮品等。

◇ 蘇赫巴托廣場

烏蘭巴托最吸引我的是蘇赫巴托廣場，以及那裡的成吉思汗雕像。

這廣場原先是蘇赫巴托的墓地，埋葬著蘇赫巴托和喬巴山。2005 年它被拆遷，在成吉思汗加冕 800 周年的 2006 年之前完成了改建。

蘇赫巴托是 1921 年蒙古革命建立君主立憲制的英雄，是「蒙古革命之父」。蘇赫巴托在蒙古語中有「斧的英雄」（Axe Hero）之意。

▼圖 12-11 位於市中心的蘇赫巴托廣場。

▲圖 12-12 蒙古革命之父蘇赫巴托的
騎馬雕像。

▼圖 12-13 議會大廈前門的成吉思汗端坐雕像端莊大氣。

◀圖 12-15 議會大
廈前的大將軍博爾
術騎馬雕像。

▲圖 12-14 議會大廈前的大將軍木
華黎騎馬雕像。

▲圖 12-16 一大批軍人在廣場集結有活動。

▲圖 12-17 蒙古女兵。

▼圖 12-18 廣場上的溫馨一幕。車輛在廣場有出租。

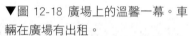

▲圖 12-19 廣場也有兒童小車出租。

▲圖 12-20 廣場的成人車輛出租處。

新政府成立之初，政權不穩出現過反共陰謀的傳聞，多名喇嘛被指控勾結國內外敵人被處決。1923 年初，政府懷疑政變陰謀在進行，警戒狀態使蘇赫巴托過於疲憊而在 2 月 14 日病倒，20 日去世。

共產黨喬巴山年代曾有蘇赫巴托是中毒而亡的陰謀論出現，但官方一直沒有明確說明死因。陰謀論在蒙古仍很有市場。

廣場上聳立著蘇赫巴托的騎馬雕像。雕像的位置選擇大有講究，據說 1921 年 7 月 8 日紅軍聚會時，蘇赫巴托的坐騎在此撒了泡尿，這被蒙古人認為是一種吉兆。

廣場北端是議會大廈，大廈廳前是成吉思汗的坐像，兩邊是開國四傑中的大將軍博爾術和木華黎的騎馬雕像。木華黎奴隸出身，蒙古國磊將，以沉毅多智、雄勇善戰著稱，追隨大汗三十年，無役不從。博爾術是開國四傑之首，曾相助少年成吉思汗奪回被盜的愛馬。他加入蒙古軍最早，參加統一蒙古諸多戰爭，善戰知兵，多立戰功。成吉思汗元年，他倆被分別命為左、右萬戶侯。這兩個雕像精緻細膩，又氣勢軒昂。

蘇赫巴托廣場是城市的中心，也是一個溫馨和諧的休閒去處。很多當地平民在這裡小坐，閒逛，或租車玩耍。天空很藍，沒有期待中的大氣污染。

◇　和平大道

和平大道是烏蘭巴托最主要的街道，東西橫穿中心廣場，現代化建設正在進行之中。

有趣的是，大街上的商家標牌有三種不同的文字，顯得有

◀圖 12-21 廣場邊的賣書小攤，多為西瑞爾文。

▶圖 12-22 大街上賣水果的小攤，價格比俄羅斯要貴一點。

◀圖 12-23 大街上的同心結裝飾。

◀圖 12-24 中國電腦巨頭聯想（Lenovo）也來蒙古淘金。

◀圖 12-25 韓國的韓亞龍（H Mart）不甘缺席，但規模比較小。

◀圖 12-26 烏蘭巴托最大綜合性百貨商廈（Mall）用的是英文商標。

▲圖 12-27 與俄語同宗的西瑞爾字母標牌，
遠多於蜈蚣站立式的傳統蒙文。

▶圖 12-28 百
貨大樓蜈蚣站
立式的傳統蒙
文商標。

▶圖 12-29 和
平大道上的使
館區不讓拍
照。

點混亂。那種「蜈蚣站立」式草書體，屬於傳統蒙古文，公共場合並不多見。英文用得多，但會講英文的行人卻基本沒有碰到。大量採用的是西瑞爾（Cyrillic）字母拼寫的蒙文，它又稱斯拉夫字母，與俄文字母同宗。

其實也有羅馬字母拼寫的蒙文，比如習慣上常用的 Ulan Bator 代表烏蘭巴托，就是羅馬字母拼寫的。但它不如 35 個字母的西瑞爾字母更接近蒙文的發音，所以新近改成 Ulaanbaatar，反倒不習慣了。其中的重複字母 aa，通常表示要發長音。蒙文中發音的長短很重要，代表的意思不同。羅馬字母拼音就無法表達得那麼貼切了。

◀圖 12-30 街頭兒童雕塑，後面是一個兒童遊樂設施。

▶圖 12-31 現代化建築不斷出現，外國資本開始進入傳統草原風貌的老都市。

◀圖 12-32 哈雷飆車一族在聚會。

▲圖 12-33 哈雷飆車族聚會現場偶遇紐約記者。

▲圖 12-34 與記者對拍。

　　蒙古神秘的國度正在開放大門，走向世界。蒙古年輕人也開始公開表達浪漫。大街上居然出現了浪漫的同心結。鎖還不多，表示這裡還只是「初級階段」，一切正在剛剛開始。

　　去柏格汗博物館途中，曾遇到一群瘋狂的哈雷車飆客，後來在中心廣場果然見到他們轟轟烈烈呼嘯而過，給這個「單調」

城市帶來了點激情與瘋狂。在他們出發前的集會現場，我遇到了一位自稱紐約來的報社記者，「老鄉」天涯偶遇，別有一番滋味。

烏蘭巴托並不像媒體說的污染那麼嚴重，至少我沒有遇到。

我的烏蘭巴托之行儘管停留短暫，儘管語言不同，卻依然能感受到人們的熱情與好客，並沒有傳說中對中國人的「敵意」。我所在家庭旅館主人一家，不但為我介紹市內整體情況，講解景點各自特色，還為我烹飪蒙古風的早晚兩餐，滿足我的好奇，帶給我方便。

男主人有兩個孩子。大女兒在美國商學院讀書，老兩口幾周後將赴美探親，屆時小兒子將替他們照看旅館業務。他為我做的蒙古風味早餐，與中國的差別不大。蔥炸羊肉條，乾炸土豆絲，外加一小碗（珍珠）奶茶，還有幹奶絡和黑麵包。

晚餐是女主人準備的，一碟是蒙古的菜（羊）肉包子，燙麵的，堅韌又「實誠」，很有嚼頭。另一碟是菜肉稀飯，內有胡蘿蔔，白米，羊肉，好像還有一點小米。

我外出對「住」的要求簡單明確：單獨臥室，單獨衛生間，24 小時暖水加暖氣或空調。其他如電視，上網，沙發，空間等等都不重要。

住在同一旅館的多為年輕背包客，來自世界各地。其中一位單車游世界的澳大利亞牛人山姆（Sam）年僅 30，已在中國大連教英文二年半。他說不少中國女孩要嫁他，但他不願結婚。他辭職出遊一年，計畫騎自行車經蒙古走中亞去歐洲，遊記發表在他自己的網站上，我查看了，確實有不少動人的故事。

在烏蘭巴托那一天一夜的經歷，我好像不是在孤跡天涯，

◀圖 12-35 熱情好客的烏蘭巴托家庭旅店主人為我準備早餐。

▲圖 12-36 蒙古早餐風味與中國差別不大。

◀圖 12-37 我的旅館臥室。

◀圖 12-38 臥室裡的衛生間。

◀圖 12-39 女主人為我做的晚
餐之蒙古式菜（羊）肉包子。

◀圖 12-40 女主人為我做的晚
餐之蒙古式菜肉稀飯。

而是在朋友家作客。

　　有一位作家說過,如果不努力去熟悉瞭解烏蘭巴托,它確實不是那些隨意而來、漫不經心的那種遊客所能輕易知曉和瞭解的。

　　告別烏蘭巴托時,我來去乘坐的是同一班車,5:40 AM 從西抵達,第二天早晨 7:15 AM 向東離去。和俄羅斯類似,蒙古火車停站的時間也比較長。

　　烏蘭巴托留給我的是溫馨和美好。

▲圖 12-41 臥室牆上的懸掛畫帶著電線,其實是個加熱小掛毯。

▼圖 12-42 單車遊世界的澳大利亞卡人山姆。

▼圖 12-43 告別烏蘭巴托,黑暗中的烏蘭巴托火車站。

▼圖 12-44 再見,萍水相逢的荷蘭驢友。

附錄一
全部景點一覽表及作者評分

9/16 (二) 拾 → 4:40 PM
1060 飞↓
9/17 (三) → 1:40 PM

渡2枝 **BOS**
飞
66/53 **LED** 彼得堡

9/21 (日) → 18:18 PM Moskovsky 火車站
67 12:31 ↓ 347水
9/22 (一) ← 6:49AM 唯一
13:52 PM 唯一
28 3:21 ↓ 1039

車21 8-19卧

yarosl val 雅羅斯拉林
1-4层

9/22 (一) ← 17:13 PM yaroslavskiy 火車站
9/24 (三) → 6:45AM Kurskaia 火車站
36 1:45 ↓ 702H
8:30AM 唯一

50/44 **MOSCOW** 莫斯科
3-5层

9/24 汽车1h, 每½hr
66/38 **Vladimir** 弗拉基米尔 —— **Suzdal** 苏兹达尔
9/24 (同上对开) 苏兹达尔

18:42 PM
733 ↓
20:30 PM 火車站

3-11B层

9/26 ...½h, 每½Hr (...有特快)
Moscow 火車站 —— **Sergiev Posad**
9/26 (对开) 谢尔吉耶夫...

車26 12-13卧

9/26 (五) 13:42 PM Paveletskaya 火車站
125 18:43 ↓ 001H
8:2?AM 唯一

Volgograd 伏尔加格勒
車27,28 11-15卧

23:00? 唯一
143 38:48 ↓ 105水

9/29 (一) ← 20:21 PM 唯一
226
48/35 **Yekaterinburg** 叶卡捷琳堡
車29,30,1
时差2h 6-15卧

3:28AM 唯一
28 **Irkutsk** 伊尔库茨克
車2,3
时差5h 8-7卧

10/2 (四) → 17:02 PM 唯一
183 32:38 ↓ #362 莫斯科时间
5:40AM 莫同一車站

60/37 **Ulan Batar** 乌兰巴托
車5
时差4h 6-21卧

10/4 (六) 7:15AM 蒙古当地时间
252 30:40 ↓ #004
10/5 (日) →

62/33 **Beijing** 北京

10/6 ← 11:40 PM 北京站

294

17 机场搭车(马林斯基剧院) 大桥夜景, 漫步...
(俄)18 冬宫及周边区来
19 凯瑟琳堂/巴甫洛夫斯基 2教堂, 送...
20 彼得堡爾堂, 涅瓦...修道院(离莫...)
21 彼得夏宫 (仅半天, 不够, 3馆气垫...)

22 火车站在西面, 离中心约13km, 景点不集中, 西南...
(一) 市内交通拥挤, 中心...不大可步行...

(过)22 抵达先问谢市火车票: 试查晚点早火车路线...
23 克林姆林宫及周围 (随机随买票)...
晋华钟古信, 阿尔巴特大街, 红场, 若理...

24 (1天去佛市及每市... 回...早晚...)
(过)25 莫斯科火车站...陆景点, 站会...
27 火车站在西, 近中心...结, tram车北边...
(六) 1天不到, 重要1博物...北边...

(乌拉尔山立宽...过)
29 火车站在北, 离市中心700m, 景主集中2.8...
(一) 时间较紧!

Novosibirsk (新西伯利亚) 恰立中央过...
...500m为中心, 景主的...
(四) 时间应够, 可步行, 较远...为东...
北西过桥→马克思大桥→南→...指朝西...返火车站

(过)14 火车站在西南, 景点少而集中...

北京(名)火车站→现...→西单...→16...

聖彼德堡 市中心 ST PETERBURG

- 聖以撒大教堂 St Isaac Cathedral ★ ★ ★ ★ ★
- 尼古拉斯一世雕像 Nicholas I Statue ★ ★ ★ ★ ★
- 尤蘇波夫宮 Yusupov Palace ★ ★ ★
- 馬林斯基劇院 Mariinsky Theatre ★ ★ ★ ★
- 格林卡雕像 Mikhail Glinka Statue ★ ★ ★
- 尼古拉斯教堂 Nicholas Cathedral ★ ★ ★
- 彼得保羅要塞 Peter and Paul Fortress ★ ★ ★ ★
- 要塞大門羅曼諾夫雙鷹 Romanov Double Eagles ★ ★ ★ ★
- 彼得保羅大教堂 Peter and Paul Cathedral ★ ★ ★ ★
- 彼得大帝雕像 Peter the Great Statue ★ ★ ★ ★
- 阿芙樂號巡洋艦 Cruiser Aurura ★ ★ ★ ★
- 亞歷山大涅夫斯基修道院 Alexander Nevsky Monastery ★ ★ ★
- 斯莫爾尼修道院 Smolny Convent ★ ★ ★ ★
- 斯莫爾尼學院 Smolny Institute ★ ★ ★ ★

聖彼德堡 艾爾米塔什博物館
HERMITAGE MUSEUM

- 冬宮 Winter Palace ★ ★ ★ ★
- 宮殿廣場 Palace Square ★ ★ ★ ★
- 亞歷山大柱 Alexsander Column ★ ★ ★ ★
- 十二月黨人廣場 / 議會廣場 Decembrist Square/Senate Square
- 金鐘大廈 The Admiralty ★ ★ ★
- 彼得大帝青銅騎士雕像 The Bronze Horseman ★ ★ ★ ★

聖彼德堡 涅瓦大道 NEVSKY PROSPECT

- 救世主喋血教堂 The Church on the Spilled Blood ★ ★ ★ ★
- 俄羅斯民族博物館 Russian Ethnography Museum ★ ★
- 俄羅斯博物館 Russian Museum ★ ★ ★ ★

- 普希金雕像 Pushking Statue ★ ★ ★ ★
- 喀山大教堂 Kasan Cathedral ★ ★ ★ ★ ★
- 凱薩琳教堂 Catherine Church ★ ★ ★
- 國家圖書館 National Library of Russia ★ ★ ★
- 凱薩琳雕像 Catherine Statue ★ ★ ★ ★ ★
- 普希金劇院 Pushkin Theater ★ ★ ★ ★
- 阿尼奇科夫宮 Anichkov Palace ★ ★ ★
- 豐坦卡河阿尼科夫橋 Fontanka River and Anichkov Bridge ★ ★ ★ ★ ★
- 比索爾斯基宮殿 Beloselsky Palace ★ ★ ★
- 起義廣場 Uprising Square ★ ★ ★

聖彼德堡 彼得夏宮 PETERHOF PALACE

- 上花園 Upper Garden ★ ★ ★
- 海王星噴泉 Neptune Fountain ★ ★ ★ ★
- 大皇宮 Grand Palace ★ ★ ★ ★ ★
- 大瀑布噴泉和參孫噴泉 The Grand Cascade and Samson Fountain ★ ★ ★ ★ ★
- 蒙普賴爾宮 Monplaisir ★ ★ ★ ★ ★
- 休閒餐屋 Hermitage Dinner House ★ ★ ★ ★
- 高速水翼船 Metro Hydrofoil ★ ★ ★ ★

聖彼德堡 凱薩琳宮 TSARSKOYE SELO

- 巴甫洛夫斯克宮 Pavlovsk Palace ★ ★ ★ ★ ★
- 凱薩琳宮 Catherine Palace ★ ★ ★ ★ ★ ★
- 琥珀廳 The Amber Room ★ ★ ★ ★ ★
- 畫展廳 The Picture Room ★ ★ ★ ★
- 亞歷山大宮 Alexander Palace ★ ★ ★ ★ ★

莫斯科 市中心 MOSCOW

- 莫斯科大劇院 Bolshoi Theatre ★ ★ ★ ★ ★
- 朱可夫塑像 Zhukov Statue ★ ★ ★ ★ ★

- 紅場 Red Square ★ ★ ★ ★ ★
- 聖巴索大教堂 St Basil's Cathedral ★ ★ ★ ★ ★
- 國家歷史博物館 State Historical Museum ★ ★ ★ ★ ★
- 古姆百貨大廈 GUM ★ ★ ★ ★ ★
- 列寧墓 Lenin Mausoleum ★ ★ ★ ★ ★
- 喀山大教堂 Kazan Cathedral ★ ★ ★ ★
- 亞歷山大花園 Alexsander Garden ★ ★ ★ ★
- 無名烈士墓 Tomb of the Unknown Soldier ★ ★ ★ ★ ★
- 國家圖書館 Russian State Library ★ ★ ★
- 普希金博物館 Pushkin Museum ★ ★ ★ ★ ★
- 特列季亞科夫畫廊 Tretyakov Gallery ★ ★ ★ ★ ★
- 特維爾大街 Tverskaya Street ★ ★ ★ ★
- 阿爾巴特步行街 Arbat Street ★ ★ ★ ★
- 新聖女修道院 Novodevichy Convent ★ ★ ★ ★
- 新聖女公墓 Novodevichy Cemetery ★ ★ ★ ★ ★
- 莫斯科大學 Lomonosov Moscow State University ★ ★ ★ ★

莫斯科 克里姆林宮 THE KREMLIN

- 聖母升天大教堂 Assumption Cathedral ★ ★ ★ ★
- 天使報喜大教堂 Annunciation Cathedral ★ ★ ★ ★ ★
- 天使大教堂 Archangel Cathedral ★ ★ ★ ★ ★
- 伊凡大帝鐘樓 Ivan the Great Bell Tower ★ ★ ★ ★ ★
- 沙皇鐘 Tsar Bell ★ ★ ★ ★ ★
- 沙皇炮 Tsar Cannon ★ ★ ★ ★
- 大克里姆林宮 Grand Kremlin Palace ★ ★ ★ ★ ★
- 國家克里姆林宮 State Kremlin Palace ★ ★ ★ ★
- 參議院大廈 Kremlin Senate ★ ★ ★ ★
- 國家軍械庫（珍寶館）State Armoury ★ ★ ★ ★ ★

金環小鎮 雅羅斯拉夫爾 YARROSLAVL

- 雅羅斯拉夫大公雕像 Yaroslav the Wise Statue ★ ★ ★

- 救世主雅羅斯拉夫爾的變身修道院 ★ ★ ★ ★
  Monastery of the Transfiguration of the Saviour Yaroslavl
- 王子殺熊紀念碑 The Spot the Bear Was Killed ★ ★ ★ ★ ★

金環小鎮 弗拉基米爾 VLADIMIR

- 聖母升天大教堂 Assumption Cathedral ★ ★ ★ ★ ★
- 聖德米特里大教堂 Cathedral of St Dmitry ★ ★ ★ ★

金環小鎮 蘇茲達爾 SUZDAL

- 救世主修道院 Saviour Monastery of St Euthymius ★ ★ ★ ★ ★
- 變身大教堂 Transfiguration Cathedral ★ ★ ★ ★
- 小克里姆林（城堡） Kremlin ★ ★ ★ ★ ★

金環小鎮 謝爾吉耶夫 SERGIYEV POSAD

- 謝爾吉聖三一修道院 Trinity Monastery of St Sergius ★ ★ ★ ★ ★
  （以下為“謝爾吉聖三一修道院”的內部景點）
- 聖母升天大門 Assumption Gate ★ ★ ★ ★
- 聖施洗約翰教堂 Gate Church of St John the Baptist ★ ★ ★ ★
- 聖三一教堂 Holy Trinity Church ★ ★ ★ ★
- 聖母升天大教堂 Assumption Cathedral ★ ★ ★ ★ ★
- 聖謝爾吉食堂和教堂 Refectory and Church of St Sergius ★ ★ ★ ★
- 方尖碑 Obelisk ★ ★ ★ ★
- 聖靈教堂 Holy Ghost Church ★ ★ ★ ★
- 沙皇伯里斯墓 Tomb of Boris Godunov ★ ★ ★ ★ ★
- 井邊小教堂 Chapel at the Well ★ ★ ★ ★ ★
- 古老的俄羅斯藝術博物館 Museum of Ancient Russian Art ★ ★ ★

伏爾加格勒 VOLGOGLAD

- 保衛史達林格勒博物館 Museum of the Defence of Stalingrad ★ ★ ★ ★
- 馬馬耶夫山崗 Mamayev Kurgan ★ ★ ★ ★ ★

葉卡捷琳堡 YEKATERINBURG

- 喋血大教堂 Church on the Blood （羅曼諾夫死亡現場） ★ ★ ★ ★ ★
- 烈士費多羅夫娜公主教堂 ★ ★ ★ ★ ★
  Chapel of the Revered Martyr Grand Princess Yelizaveta Fyodorovna
- 文獻角 Literary Quarter ★ ★ ★ ★
- 瓦西里 · 塔季謝夫和格奧爾格 · 威廉 · 德元仁塑像 ★ ★ ★ ★
  Statue of Vasily Tatishchev & Georg Wilhelm de Gennin
- 克雷諾夫宮 Kharitonov Palace ★ ★
- 伊薩特河 River Iset ★ ★ ★
- 謝瓦斯季亞諾夫之屋 Sevastyanov's House ★ ★ ★ ★ ★

伊爾庫茨克 IRKUTSK

- 巴卡雅夫林奇卡亞大教堂 Bogoyavlensky Cathedral ★ ★ ★ ★
- 救世主教堂 Church of the Saviour ★ ★ ★ ★ ★
- 變身教堂 Church of Transfiguration ★ ★ ★ ★ ★
- 西納曼斯基修道院 Znamensky Monastery ★ ★ ★ ★ ★
- 高爾察克塑像 Kolchak Statue ★ ★ ★ ★ ★
- 十二月黨人流放地紀念館 Houses of Decembrist Exiles ★ ★ ★ ★ ★
- 西伯利亞老木屋 Siberia Wooden Buildings ★ ★ ★
- 勝利廣場 Victory Square ★ ★ ★ ★
- 亞歷山大三世塑像 Alexander III Statue ★ ★ ★ ★ ★

烏蘭巴托 ULAANBAATAR

- 甘丹寺 Gandan Temple ★ ★ ★ ★ ★
- 喬金喇嘛寺院 Choijin Lama Monastery ★ ★ ★ ★
- 柏格汗博物館 Bogd Kahn Museum ★ ★ ★ ★
- 蘇赫巴托廣場 Sukhbaatar Square ★ ★ ★ ★ ★
- 和平大道 Peace Avenue ★ ★ ★

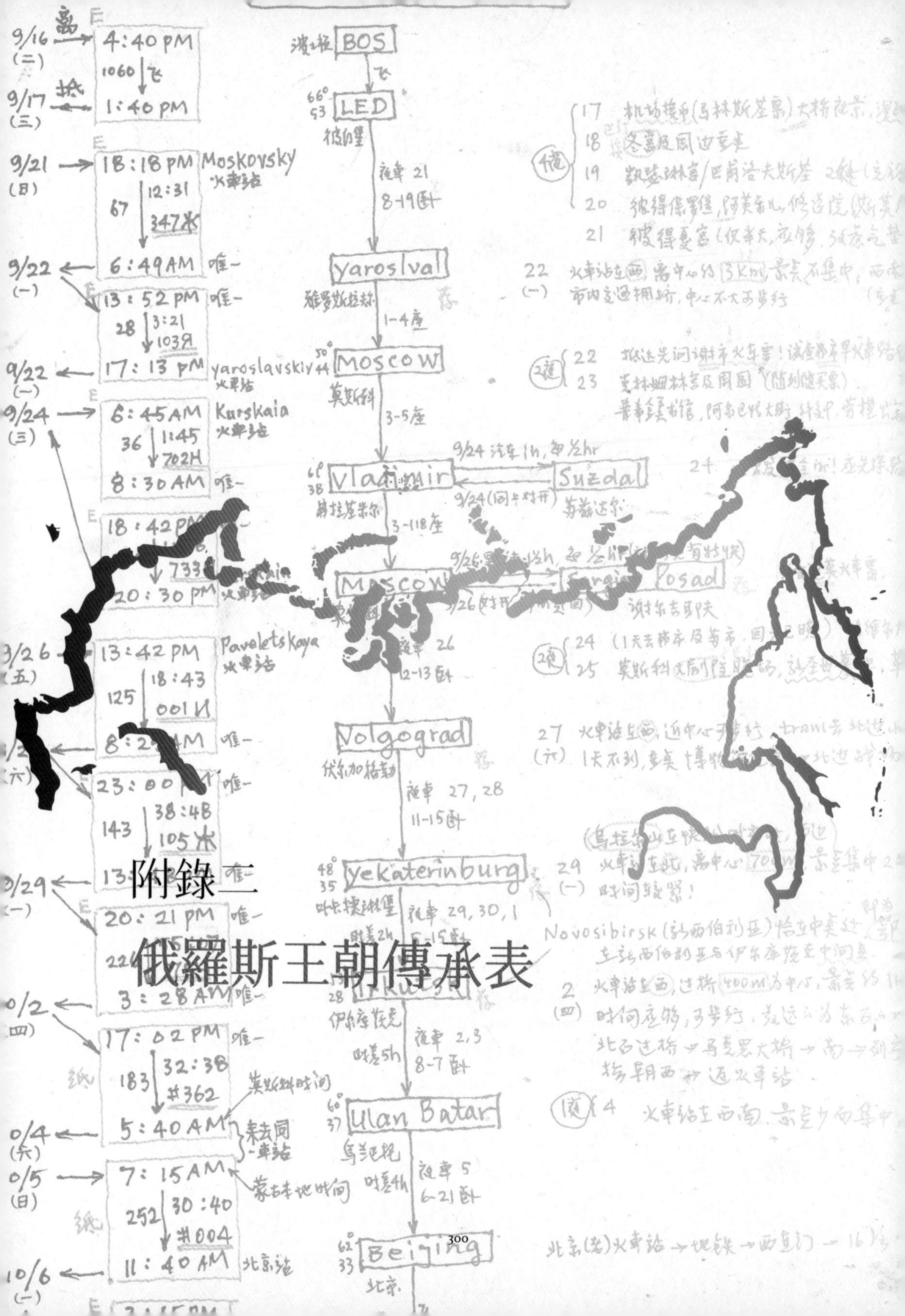

附錄二

俄羅斯王朝傳承表

9/16 (二) 嘉 E	4:40 PM	渡輪 BOS
	1060 ↓飞	
9/17 (三) 拾	1:40 PM	飞 66°53 LED 彼得堡
9/21 (日) → E	18:18 PM Moskovsky 火車站	夜車 21 8+9卧
	67 ↓ 12:31 347米	
9/22 (一) ←	6:49 AM 唯一	yaroslval 雅羅斯拉林 1-4席
9/22 (一) ←	13:52 PM 唯一	
	28 ↓ 3:21 1038	50° 44 MOSCOW 莫斯科 3-5席
9/22 (一) ←	17:13 PM 火車站	
9/24 (三) ←	6:45 AM Kurskaia 火車站	9/24 汽车1h, 卻½hr
	36 ↓ 1:45 702H	61°38 Vladimir 弗拉基米尔 → Suzdal 苏兹达尔
	8:30 AM 唯一	9/24 (同天对开)
	18:42 PM	3-118席
	↓ 733	9/26 火車約3h, 卻½h(旅有特快) Moscow → Sergie Posad 谢尔吉耶夫
	20:30 PM 火車站	9/26(对开) 同天回
9/26 (五)	13:42 PM Paveletskaya 火車站	夜車 26 12-13卧
	125 ↓ 18:43 001H	
	8:21 AM 唯一	Volgograd 伏尔加格勒
(六)	23:00 PM 唯一	夜車 27, 28 11-15卧
	143 ↓ 38:48 105米	
	13:	48°35 yekaterinburg 叶卡捷琳堡
9/29 (一) ← E	20:21 PM	夜車 29, 30, 1 卻差2h 6-15席
	226 ↓	
	3:28 AM	Krnsk 伊尔库茨克 卻差5h
10/2 (四) ←	17:02 PM 唯一	夜車 2.3 8-7卧
	183 ↓ 32:38 #362 莫斯科时间	
	5:40 AM 未去同车站	56°37 Ulan Batar 乌兰巴托 卻差4h
10/4 (六)	7:15 AM 蒙古本地时间	夜車 5 6-21卧
10/5 (日)	252 ↓ 30:40 #004	
	11:40 AM 北京站	62°33 Beijing 北京
10/6 ← E		

右側手寫筆記：

17. 机场换币 (马林斯基剧院) 大桥改东, 迟到

18. 冬宫返回至宾

19. 凯萨琳宫/巴莆洛夫斯基 2馆 ½返宾

20. 彼得霍罗, 阿芙乐儿, 修道院 (妳莫儿)

21. 彼得要塞 (仅半天, 或够, 3点气)

22 (一) 火車站上画, 离中心约13K, 景点不集中, 市内意通拥挤, 中上不大丧景行

22 拟达先问清本火车票! 试查明早火车路
23 莫林姆林宫及周围 (随刻随买票) 普希金故居, 阿尔巴特大街, 新圣女, 劳禅场

24 到后玩! 应去探

25 莫斯科文局门陆照的, 驻圣堂

27 火車站上画, 近中心, 可步行, tram走北进出
(六) 1天不到, 多买土特物, 应坐北进出

(乌拉山北在陕, 小时差, 烈也)
29 火車站在北, 离中心约700m, 景点集中 ½
(一) 时间较紧!

Novosibirsk (新西伯利亚) 恰在中更过 西新西伯利亚与伊尔库茨至中间左

2 火車站上画, 过桥 (400m 为中心, 景点½
(四) 时间应够, 可步行, 走远点为东南→北西过桥 → 马克思大桥 → 南 → 朝西 → 过火車站

4 火車站上西南, 景点少而集中

北京 (老) 火车站 → 地铁 → 西直门 — 16½

姓名	頭銜	繼位人 / 子嗣	王朝 / 宗教
魯里克 Rurik 830-879（49 歲）	拉多加和 諾夫哥羅德王子 862-879	奧列格 / 伊戈爾一世	創立魯里克王朝，統治基輔羅斯、 莫斯科大公國、和沙皇俄羅斯直到 17 世紀
奧列格 Oleg ？-912	羅斯大王子 879-912	伊戈爾一世	魯里克王朝
伊戈爾一世 Igor I ？-945	羅斯王子 914-945	斯維亞托斯拉夫一世	魯里克王朝
斯維亞托斯拉夫一世 Sviatoslav I 942-972（30 歲）	基輔大王子 945-972	亞羅波爾克一世	魯里克王朝
亞羅波爾克一世 Yaropolk I 958-980（22 歲）	羅斯王子 972-980	弗拉基米爾大帝 / 斯維亞托波克一世	魯里克王朝
弗拉基米爾大帝 Vladimir the Great 958-1015（57 歲）	基輔大王子 980-1015 諾夫哥羅德王子 969–977	斯維亞托波克一世 / 雅羅斯拉夫	魯里克王朝
斯維亞托波克一世 Sviatopolk I 980-1019（39 歲）	羅斯大王子 1015-1019 圖羅夫王子 988-1019	雅羅斯拉夫	魯里克王朝
雅羅斯拉夫 Yaroslav the Wise 978-1054（76 歲）	基輔和 諾夫哥羅德大王子 1019–1054	伊斯拉夫一世	魯里克王朝
伊斯拉夫一世 Iziaslav I 1024-1078（54 歲）	基輔大王子 1054-1068 1069-1073 1076-1078 圖羅夫王子 1045-1052 諾夫哥羅德王子 1052-1054	斯維亞托斯拉夫二世	魯里克王朝

斯維亞托斯拉夫二世 Sviatoslav II 1027-1076 年（49 歲）	弗拉基米爾王子 1040-1054 切爾尼戈夫公國 1054-1077 基輔大王子 1073-1077	弗謝沃洛德一世	魯里克王朝
弗謝沃洛德一世 Vsevolod I 1030-1093（63 歲）	全羅斯王子 1078-1093	斯維亞托波克二世 / 弗拉基米爾二世	魯里克王朝
斯維亞托波克二世 Sviatopolk II 1050-1113（62 歲）	基輔大王子 1093-1113 諾夫哥羅德王子 1078-1088	弗拉基米爾二世 / 莫斯特斯拉夫一世	魯里克王朝
弗拉基米爾二世 Volodimer II 1053-1125（72 歲）	羅斯大王子 1112-1125	莫斯特斯拉夫一世	魯里克王朝
莫斯特斯拉夫一世 Mstislav I of Kiev 1076-1132（55 歲）	基輔大王子 1125–1132	尤里 · 多爾戈魯基	魯里克王朝
亞羅波爾克二世 Yaropolk II 1082-1139（57 歲）	基輔大王子 1132-1139	弗謝沃洛德二世 / 瓦西里科 · 亞羅波爾科 維奇	魯里克王朝
弗謝沃洛德二世 Vsevolod II ？-1146	基輔王子 1139-1146	斯維亞托波克二世	
尤里 · 多爾戈魯基 Yuri Dolgorukiy 1099-1157（58 歲）	基輔大王子 1149-1151 1155-1157	維亞切斯拉夫一世 / 伊賈斯拉夫二世	魯里克王朝 莫斯科創始人 開始過渡到莫斯科公國
亞歷山大·涅夫斯基 Alexander Nevsky 1221-1263（42 歲）	諾夫哥羅德王子 1236-1259 基輔大王子 1236-1252 弗拉基米爾王子 1252-1263	德米特里一世 丹尼爾 雅羅斯拉夫三世	魯里克王朝 / 俄羅斯東正教
丹尼爾 Daniel of Moscow 1261-1303（42 歲）	莫斯科王子 1263-1303	尤里一世	魯里克王朝 / 俄羅斯東正教
尤里一世 Yury of Moscow 1281-1325（44 歲）	莫斯科王子 1303-1325 弗拉基米爾王子 1318 起	伊凡一世	魯里克王朝 / 俄羅斯東正教

伊凡一世 Ivan I of Moscow 1288-1341（58 歲）	莫斯科王子 1325–1340	西蒙一世 / 西蒙一世、伊凡二世	魯里克王朝 / 俄羅斯東正教
西蒙一世 Simeon the Proud 1316-1353（36 歲）	莫斯科王子 1340-1353	伊凡二世	魯里克王朝 / 俄羅斯東正教
伊凡二世 Ivan the Fair 1326-1359 （33 歲）	莫斯科大王子 1353-1359	德米特里一世	魯里克王朝 / 俄羅斯東正教
德米特里一世 Dmitry Donskoy 1350-1389（38 歲）	莫斯科大王子 1359-1389	瓦西里一世	魯里克王朝 / 俄羅斯東正教
瓦西里一世 Vasily I of Moscow 1371-1425（53 歲）	莫斯科大王子 1389–1425	瓦西里二世	魯里克王朝 / 俄羅斯東正教
瓦西里二世 Vasily II of Moscow 1415–1462（47 歲）	莫斯科大王子 1425–1462	伊凡三世	魯里克王朝 / 俄羅斯東正教
伊凡大帝（三世） Ivan III The Great 1440–1505（65 歲）	莫斯科大王子 1462-1505	瓦西里三世	魯里克王朝 / 俄羅斯東正教
瓦西里三世 Vasili III of Russia 1479-1533（54 歲）	莫斯科大王子 1505-1533	伊凡四世	魯里克王朝 / 俄羅斯東正教
恐怖伊凡（四世） Ivan the Terrible 1530-1584（53 歲）	全俄羅斯沙皇 1547-1584 莫斯科大王子 1533-1547	費多爾一世	魯里克王朝 / 俄羅斯東正教
費多爾一世 Feodor I of Russia 1557–1598（40 歲）	全俄羅斯沙皇 1584–1598	伯里斯	魯里克王朝 / 俄羅斯東正教
伯里斯 Boris Godunov 1551–1605 （54 歲）	全俄羅斯沙皇 1598-1605	費多爾二世	第一個非魯里克沙皇 / 俄羅斯東正教
費多爾二世 Feodor II of Russia 1589-1605 年（16 歲）	全俄羅斯沙皇 1605–1605	假德米特里一世	戈多諾夫王朝 魯里克王朝結束 / 俄羅斯東正教
假德米特里一世 False Dmitry I 1582-1606（23 歲）	全俄羅斯沙皇 1605-1606	瓦西里四世	聲稱魯里克王朝

瓦西里四世 Vasili IV of Russia 1552-1612（59 歲）	全俄羅斯沙皇 1606–1610	弗拉季斯拉夫一世	魯里克王朝滅亡
弗拉季斯拉夫一世 Vladislav IV 1595-1648（52 歲）	全俄羅斯沙皇 1610-1613 波蘭國王和立陶宛大公 1632-1648	邁克爾一世	七王子博伊斯過度
邁克爾一世 Michael I of Russia 1596-1645（49 歲）	全俄羅斯沙皇 1613-1645	阿列克斯一世	羅曼諾夫王朝 / 俄羅斯東正教
阿列克斯一世 Alexis of Russia 1629-1676（46 歲）	全俄羅斯沙皇 1645-1676	費多爾三世	羅曼諾夫王朝 / 俄羅斯東正教
費多爾三世 Feodor III of Russia 1661-1682（20 歲）	全俄羅斯沙皇 1676–1682	彼得一世和伊凡五世 / （伊凡久病）	羅曼諾夫王朝 / 俄羅斯東正教
彼得大帝 Peter the Great 1672- 1725（52 歲）	全俄羅斯沙皇 1682-1721 全俄羅斯皇帝和獨裁者 1721-1725	凱薩琳一世 / 伊莉莎白	羅曼諾夫王朝 / 俄羅斯東正教
凱薩琳一世 Catherine I of Russia 1684-1727（43 歲）	全俄羅斯女皇和獨裁者 1725-1727	彼得二世 / 伊莉莎白	羅曼諾夫王朝 / 俄羅斯東正教
彼得二世 Peter II of Russia 1715-1730（15 歲）	全俄羅斯皇帝和獨裁者 1727-1730	安娜	羅曼諾夫王朝 / 俄羅斯東正教
安娜 Anna of Russia 1693-1740（47 歲）	全俄羅斯女皇和獨裁者 1730-1740	伊凡六世 / 彼得三世	羅曼諾夫王朝 / 俄羅斯東正教
伊凡六世 Ivan VI of Russia 1740-1764（23 歲）	全俄羅斯皇帝和獨裁者 1740-1741	伊莉莎白	羅曼諾夫王朝 / 俄羅斯東正教
伊莉莎白 Elizabeth of Russia 1709-1762（52 歲）	全俄羅斯女皇和獨裁者 1741-1762	彼得三世	羅曼諾夫王朝 / 俄羅斯東正教
彼得三世 Peter III of Russia 1728-1762（34 歲）	全俄羅斯皇帝和獨裁者 1762-1762（政變）	凱薩琳二世 / 保羅一世	羅曼諾夫王朝 / 俄羅斯東正教
凱薩琳大帝 Catherine the Great 1729-1796（67 歲）	全俄羅斯女皇和獨裁者 1762-1796	保羅一世	羅曼諾夫王朝 / 俄羅斯東正教

保羅一世 Paul I of Russia 1754-1801（46 歲）	全俄羅斯皇帝和獨裁者 1796-1801（政變謀殺）	亞歷山大一世	羅曼諾夫王朝 / 俄羅斯東正教
亞歷山大一世 Alexander I of Russia 1777-1825（47 歲）	全俄羅斯皇帝和獨裁者 1801-1825	尼古拉斯一世	羅曼諾夫王朝 / 俄羅斯東正教
尼古拉斯一世 Nicholas I of Russia 1796-1855（58 歲）	全俄羅斯皇帝和獨裁者 1825-1855	亞歷山大二世	羅曼諾夫王朝 / 俄羅斯東正教
亞歷山大二世 Alexander II of Russia 1818-1881（62 歲）	全俄羅斯皇帝和獨裁者 1855-1881	亞歷山大三世	羅曼諾夫王朝 / 俄羅斯東正教
亞歷山大三世 Alexander III of Russia 1845-1894（49 歲）	全俄羅斯皇帝和獨裁者 1881-1894	尼古拉斯二世	羅曼諾夫王朝 / 俄羅斯東正教
尼古拉斯二世 Nicholas II of Russia 1868-1918（50 歲）	全俄羅斯皇帝和獨裁者 1894-1917	（君主制廢除）	羅曼諾夫王朝 / 俄羅斯東正教

國家圖書館出版品預行編目資料

心中的俄羅斯/ 邢協豪(行寫好) 著

--初版-- 臺北市：博客思出版事業網：2019.10

ISBN：978-957-9267-32-8 (平裝)

1.旅遊 2.俄國

748.9   108014465

生活旅遊 18

心中的俄羅斯

作　　者：邢協豪(行寫好)

編　　輯：塗宇樵

美　　編：塗宇樵

封面設計：塗宇樵

出 版 者：博客思出版事業網

發　　行：博客思出版事業網

地　　址：台北市中正區重慶南路1段121號8樓之14

電　　話：(02)2331-1675或(02)2331-1691

傳　　真：(02)2382-6225

E—MAIL：books5w@gmail.com或books5w@yahoo.com.tw

網路書店：http://bookstv.com.tw/

　　　　　https://www.pcstore.com.tw/yesbooks/

　　　　　博客來網路書店、博客思網路書店

　　　　　三民書局、金石堂書店

總 經 銷：聯合發行股份有限公司

電　　話：(02) 2917-8022　　傳　真：(02) 2915-7212

劃撥戶名：蘭臺出版社 帳號：18995335

香港代理：香港聯合零售有限公司

地　　址：香港新界大蒲汀麗路 36 號中華商務印刷大樓

　　　　　C&C Building, 36,Ting, Lai, Road, Tai,Po, New,Territories

電　　話：(852)2150-2100　　傳真：(852)2356-0735

出版日期：2019年10月 初版

定　　價：新臺幣380元整（平裝）

ISBN：978-957-9267-32-8